电力营销数据质量治理系列丛书

营销普查稽核实务

国家电网有限公司市场营销部 编

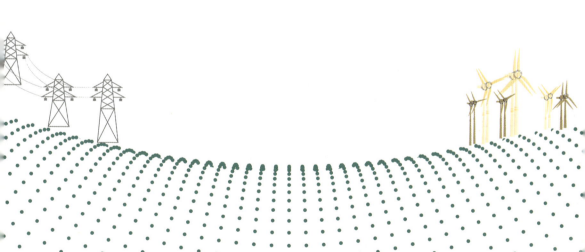

中国电力出版社
CHINA ELECTRIC POWER PRESS

图书在版编目（CIP）数据

电力营销数据质量治理系列丛书．营销普查稽核实务 / 国家电网有限公司市场营销部编．—
北京：中国电力出版社，2023.12（2024.2重印）
ISBN 978-7-5198-8352-2

Ⅰ．①电… Ⅱ．①国… Ⅲ．①电力工业－市场营销学－数据管理－中国 Ⅳ．①F426.61

中国国家版本馆 CIP 数据核字（2023）第 222462 号

出版发行：中国电力出版社
地　　址：北京市东城区北京站西街 19 号（邮政编码 100005）
网　　址：http://www.cepp.sgcc.com.cn
责任编辑：杨敏群　刘红强
责任校对：黄　蓓　王海南
责任印制：钱兴根

印　　刷：三河市万龙印装有限公司
版　　次：2023 年 12 月第一版
印　　次：2024 年 2 月北京第二次印刷
开　　本：710 毫米 ×1000 毫米　16 开本
印　　张：6
字　　数：84 千字
定　　价：25.00 元

电力营销数据质量治理系列丛书

编 委 会

主 任　李　明

副主任　唐文升

委 员

郭　朋	方学民	张兴华	李树国	葛得辉	王子龙
李连海	陈俊章	何　胜	王锦志	何宝灵	解利斌
焦志文	欧阳亚平	杨　恒	范旭东	周　晖	李晓强
王　鑫	彭楚宁	刘　一	朱　克	武　斌	马建伟
王　阳	郑晓雨	宋　莉	李　磊	郭佳迪	胡永朋
王　齐	秦　帅	姚明路	付文杰	霍大伟	何　龙
张爱群	盛　明	龙　禹	沈百强	张　波	熊益红
刘庆涛	潘继雄	郭　雷	张吴敏	赵　芳	黄　会
赵永彬	郭云峰	张永强	郑世英	郭云涛	赵长军
李炳胜	黄富才	董继军	袁世文	杨成月	曾玲丽
邓志东	赵　兵				

营销普查稽核实务
编 写 组

主　　编　王锦志　何宝灵　何　胜　杨　恒　解利斌　周　晖　范旭东
　　　　　　陈海洋　祖　敏　王智卜　马鲁晋　潘艳霞　李贵民　张永康
　　　　　　陈黎军　吕　斌　陈秀丽　易志宇　陈湘媛　孙合法　詹瑞华
　　　　　　唐　勇　王先明　张　冶　赵志坤　王剑波　王治国　王自军
　　　　　　宁大鹏　牛威如　郭志华　李春芳　李满树　贡　嘎　张　莉
　　　　　　周　峰　周　俊　王宏伟

副 主 编　朱　克　汪自虎　周荣臻　宫立华　刘炳超　于　洋　刘振扬
　　　　　　高乐乐　王宏民　林　华　李　颖　王俊龙　王秀明　乔　羽
　　　　　　王　鑫　李树青　张　腾　侯素颖　刘辉舟　黄　荷　宋　睿
　　　　　　杨　阳　刘树来　李桂林　胡　兴　刘栋果　姚云霓　崔新廷
　　　　　　杨慧敏　杜　杰　黎启明　乔虎锋　路　洁　黄　华　耿　菲
　　　　　　于景阳　陈　昊　李亚杰　刘　锋　黄　莺

编写人员　裴一菲　周辛南　韩思雨　赵琛辉　张国民　刘红飞　赵　斌
　　　　　　吴　丹　徐清新　李小芳　陈　锋　杨福利　杨红涛　李高扬
　　　　　　耿　涛　刘瑞涛　冯　剑　万国强　王旭东　孔吟潇　张　艳
　　　　　　张　旭　吴前戎　陈　杰　陈　尖　蒋莫若　王玉东　刘　庆
　　　　　　周有金　况贞戎　侯昝宇　白云峰　陈　琦　楚成博　卢　帅
　　　　　　杨序明　曾洪飞　吕呈帆　迪里达尔　马黎明　周海超　谢晓爽
　　　　　　刘　冰　于　涵　杨　洋　张　敏　谢　超　李　华　周晨晖
　　　　　　王　波　李婉娉　刘　隆　张　芃　李冰洋　周　越　李海洪
　　　　　　颜从国　杨迎璐　冯媛媛　王　朗　潘雨晴　郑皓天　陈雪薇
　　　　　　周雪飞　张仲振　李　军　珍白桑　郭伟丹　王巳腾　朱丽萍
　　　　　　王剑峰　张明轩　吕毅雷　胡　磊　费丹雄　林　鹤　王嵩为
　　　　　　徐微微　　　　王　　　宋剑枫　徐明月　孟爽爽　周吉康

审稿人员　丁　晓　殷庆铎　李　玮　刘鲲鹏　王翰林　李世伟　王文天
　　　　　　侯应龙　季晓明　洪　杨　丁毛毛　许道强　余锦河　李晓东
　　　　　　栾开宁　江　龙　徐梦舟　林晓静　刘政生　赵　莉　冯　磊
　　　　　　朱子旭　林敬恩　李　佳　朱伟义　滕　宇　于晨涛　谢林红
　　　　　　钱志立　周凤华　冯柳鑫　王玉君　李立刚　蒋　涛　徐鹤立
　　　　　　高占宾　李　峥　陈　婧　田　成　马泽群　宋振世

前　言

　　数据治理是提升客户业务办理体验和基层工作效率的关键抓手，是建设站位更高远、理念更深入、手段更先进、运营更高效、队伍更专业、品质更优秀的卓越供电服务体系的重要手段，是打造世界一流供电服务企业的必由之路。国家电网有限公司坚持"人民电业为人民"的企业宗旨和以客户为中心的服务理念，2021—2022年专项开展了营销普查和规范工作，致力于夯实营销基础管理、促进营销数字化转型、打造高品质卓越服务。

　　数据治理工作具有长期性、复杂性和广泛性。为强化营销服务人员对数据质量提升的理解和认识，推进营销普查和规范治理常态化，同时为营销2.0系统上线应用提供更加精准、规范的数据支撑，国网市场营销部组织行业、系统内营销专家编写了《电力营销数据质量治理系列丛书》。本丛书深入总结了营销普查和规范两年工作的成效，广泛调研了营销系统基层一线人员工作质量，以实用性、先进性、规范性为原则，共分为电力营销数据质量治理应知应会、电力营销数据质量治理百问百答、营销普查稽核实务、营销普查数字化技术应用、居住小区档案应用、营销2.0系统普查实践等6个分册，以期全面升级数据治理的制度体系、技术工具和队伍能力，全面提升营销人员的数据意识、知识结构和服务水平。

　　本丛书的内容涉及电力营销与数据质量管理、电力营销与服务品质管理工作的诸多方面，既可以作为电网企业开展电力营销数据质量治理实践的参考用书，也可以作为营销服务人员提升能力的培训教材。

编者

2023年9月

目　录

前　言

第五章 营销基础数据合格率 / 66

附 录

根据《营销普查和规范工作质量与评价标准》和《营销数据质量标准》，对电力用户营销档案核心40个字段进行了系统分析，绘制了营销档案数据（字段）匹配逻辑图（见图1-1）。

通过属性分析，将40个字段划分为公共属性字段、外部属性字段和用电属性字段三类。其中，公共属性字段1个，外部属性字段5个，用电属性字段34个。

通过重要性分析，将40个字段在档案中重要程度进行五星评定。其中，五星字段14个，四星字段7个，三星字段7个，二星字段5个，一星字段7个。

本书对每个字段的释义、关联关系、采录校验、逻辑校验、易发问题及预防举措进行了详细说明，为移动作业终端和营销业务系统在数据采录过程中进行规则校验提供支撑，辅助基层人员提升业务水平。

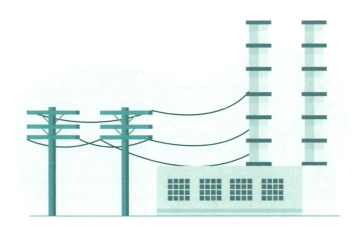

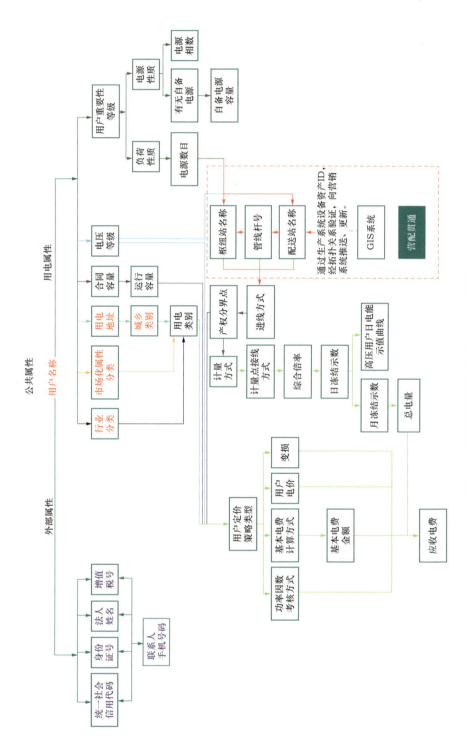

图1-1 营销档案数据（字段）匹配逻辑图

第二章

公共属性字段

公共属性字段只有一个，即用户名称。

用户名称

字段释义

用户名称即电力使用者（用户）名称，是依法与供电企业建立供用电关系的组织或个人的名称。

以用户提供有效证件的名称予以确定用电户名称，如居民身份证、企业注册营业执照上的标注名称，需确保准确性和完整性，不可用简化字、错别字等。

关注等级　★★★★★

校核范围　高压用户、低压非居民用户、低压居民用户。

匹配逻辑

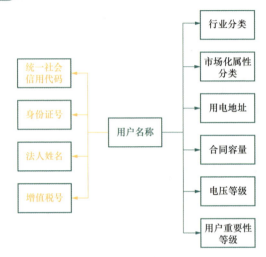

图2-1 用户名称逻辑关系

字段截图

图2-2 用户名称系统截图

采录校验

（1）不可为空；字符类型，最大长度256个字符。

（2）允许值不包含特殊字符，如：@、&、*等。

逻辑校验

（1）一般工商业的高压用户、低压非居民用户应采用营业执照、组织机构代码证、税务登记证、企事业法人证书、统一社会信用代码证等主体资格证明上的标准名称。

（2）居民用户采用户主身份证、户口本、护照、营业执照、组织机构代码证等相关证件上的标准名称。

⚠ 易发问题

（1）数据采录过程中输入错误。

（2）用户票据打印时信息错误。

（3）存在供用电责任划分服务舆情风险。

🛡 预防举措

（1）加大业务人员的培训，提升业务人员资料审核能力。

（2）加强营销档案核查工作，建立电力用户档案信息动态更新机制，定期开展现场核查。

（3）建立数据责任制，客户服务人员应及时了解、更新电力用户最新信息。

第三章

外部属性字段

外部属性字段有5个，分别为统一社会信用代码、身份证号、法人姓名、增值税号、联系人手机号。

一、统一社会信用代码

字段释义

统一社会信用代码也称为纳税人识别号，是由纳税人所属地代码以及纳税人组织机构代码等组成的属于纳税人的编码，长度为18位。每个独立核算企业的识别号都是唯一的，且每个纳税人识别号只允许一个企业使用，相当于企业的"身份证"号。三证合一后，营业执照、统一社会信用代码证和税务登记证编号统一。

关注等级 ★★★★★

校核范围

（1）高压用户中的普通工业、大工业、商业等三类用户。

（2）低压非居民用户：普通工业用户、容量大于100kW的商业用户。

匹配逻辑

图3-1 统一社会信用代码逻辑关系

字段截图

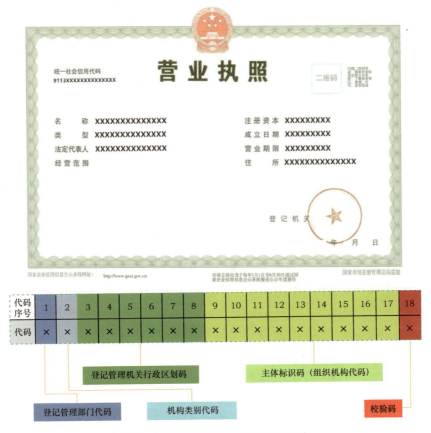

图3-2　统一社会信用代码构成示意

序号	证件类别	证件号码	证件名称	证件生效时间	证件失效时间	统一社会信用代码
1	80607	营业执照	92150402　　　　　Q	沈阳　　　　有限公司	2002-07-25	2032-07-25	

图3-3　统一社会信用代码系统截图

采录校验

企业用户不可为空；字符类型，最大长度32个字符。

逻辑校验

（1）每个企业用户的统一社会信用代码唯一，需与营销系统用户名称一致。

（2）标准规定统一社会信用代码用18位阿拉伯数字或大写英文字母表示，分别是1位登记管理部门代码、1位机构类别代码、6位登记管理机关行政区划码、9位主体标识码（组织机构代码）和1位校验码。

（3）工商数据登记的社会统一信用代码不得处于注销状态。

⊙ 易发问题

（1）数据采录过程中输入错误。

（2）用户票据打印时信息错误。

⚡ 预防举措

（1）加大业务人员的培训，提升业务人员操作的责任心。

（2）完善营销业务应用系统档案信息逻辑校验功能，在数据采录过程中对录入的电力用户信息进行核查。

（3）加强营销档案核查工作，建立电力用户档案信息动态更新机制，定期开展企事业用户信息核查。

二、身份证号

⊟ 字段释义

身份证号是国家法定的证明公民个人身份的唯一的、不变的有效证件号码。它是特征组合码，由17位数字本体码和1位校验码组成。排列顺序从左至右依次为：6位数字地址码，8位数字出生日期码，3位数字顺序码和1位数字校验码。

⚞ 关注等级 ★★★★

⊕ 校核范围 高压用户、低压非居民用户、低压居民用户。

⊷ 匹配逻辑

图3-4　身份证号逻辑关系

字段截图

图3-5 身份证号模板图

	选择	证件类型	证件号码	证件名称	证件生效时间	证件失效时间
1	○	居民身份证	130221████0017	张██	2012-07-25	2032-07-25

图3-6 身份证号系统截图

采录校验

可为空；字符类型，最大长度32个字符。

逻辑校验

（1）居民身份证号是特征组合码，由17位数字本体码和1位校验码组成。排列顺序从左至右依次为：6位数字地址码，8位数字出生日期码，3位数字顺序码和一位数字校验码。

（2）集团户或批量新装的不同居民用户编号，身份证号重复允许超过500户；其他情况不允许超过500户。

易发问题

（1）数据采录过程中输入错误。

（2）用户服务信息传递偏差。

（3）供用电纠纷等服务风险。

预防举措

（1）在办电建户环节对该字段规则进行重点提示。

（2）在业务流程的录入证件信息环节中嵌入数据质量校验规则进行事中校验。

（3）使用政务平台对证件信息进行比对，筛查异常进行事后处理。

三、法人姓名

字段释义

法人姓名即是法人名称，是指法人特定化的标志，具有民事权利能力和民事行为能力，依法独立享有民事权利和承担民事义务的组织。本字段特指企业用户的企业法人代表姓名。

关注等级   ★★

校核范围

高低压非居民用户中具有民事权利能力和民事行为能力，依法独立享有民事权利和承担民事义务的企业或组织。

企业用户范围：

（1）高压用户中的普通工业、大工业、商业三类用户。

（2）低压非居民用户中普通工业、商业且容量大于100W的用户。

匹配逻辑

图3-7　法人姓名逻辑关系

字段截图

| 客户编号： | 013458 | 客户名称： | 内蒙古 有限公司 | 经济类型： | **** |
| 产业分类： | **** | 企业规模： | ***** | 法人代表： | 张 |

图3-8　法人姓名系统截图

采录校验

（1）不可为空；字符类型，最大长度256个字符。

（2）法人姓名应由2个及以上的字段组成。

（3）不得包含特殊字符，如：@、&、*等。

逻辑校验

法人姓名应采用营业执照、组织机构代码证、税务登记证、企事业法人证书、统一社会信用代码证等主体资格证明上的法人姓名。

易发问题

（1）数据采录过程中的输入错误。

（2）企业发生股权变更，未告知供电公司，导致系统未更改，引起相关责任划分不清等服务风险。

预防举措

（1）定时使用政务平台对证件信息比对，对异常信息进行核实变更。

（2）加强营销档案核查工作，建立电力用户档案信息动态更新机制，定期开展企业用户信息核查。

四、增值税号

字段释义

增值税号即纳税人识别号。纳税人识别号是税务登记证上的号码，通常简称为"税号"，每个企业的纳税人识别号都是唯一的。增值税号、增值税名、增值税电话、增值税银行、增值账号五个字段组成企业用户的"开票信息"，这五个字段都需要与企业用户在税务机关注册的开票信息完全一致。三证合一后，营业执照、统一社会信用代码证和税务登记证编号统一。

关注等级　★★★★★

校核范围　高压企业用户中普通工业、大工业、商业三类用户。

匹配逻辑

图3-9 增值税号逻辑关系

字段截图

图3-10 增值税号系统截图

采录校验

不可为空；字符类型，最大长度32个字符。

逻辑校验

（1）每个企业用户的增值税号唯一。

（2）增值税用户应有增值税信息，包含增值税号、增值税名、增值税电话、增值账号等相关信息。

易发问题

（1）数据采录过程中输入错误。

（2）易引发用户无法及时获得有效票据等服务风险。

预防举措

（1）在办电建户环节，信息采录过程增加逻辑强制校验，杜绝录入错误。

（2）加强营销档案核查工作，建立电力用户档案信息动态更新机制，定期开展企业用户信息核查，核查用户一般纳税人信息与增值税信息是否一致，及时通知用户到供电企业办理变更手续。

五、联系人手机号

字段释义　联系人手机号指联系人的移动电话号码。

关注等级　★★★★

校核范围　高压用户、低压非居民用户、低压居民用户。

匹配逻辑

图3-11　联系人手机号逻辑关系

字段截图

	序号	联系类型	优先级	联系人	办公电话	移动电话	传真	电子邮箱
1	201200456721	账务联系人	0	张**	0108564	1811004	******	******
2	201200456722	电气联系人	1	李**	0108564	1821005	******	******

图3-12　联系人手机号系统截图

采录校验

不可为空；数值类型，有效位数11位。

逻辑校验

（1）属于运营商通信功能号段（参考）如下。

中国电信号段：133、153、173、177、180、181、189、191、193、199、149、197。

中国联通号段：130、131、132、155、156、166、175、176、185、186、196、145、171。

中国移动号段：139、138、137、136、135、159、158、150、151、1340-1348、152、157、187、188、147、182、183、184、178、198、172、195、190。

虚拟运营商号段：170、165、167、162、160。

中国广电手机号段：192。

（2）集团户或批量新装的不同居民用户编号，联系人手机号码重复允许超过500户；其他情况不允许超过500户。

⊙ 易发问题

（1）数据采录过程中输入错误。

（2）易发生余额不足通知、催费通知、检修停电通知、95598工单回访通知、销户退费通知、安全用电服务通知、国网App信息绑定、电力互联网新型业务推广不到位等服务风险。

⚡ 预防举措

（1）在办电建户环节对该字段进行重点提示。

（2）使用运营商数据对联系方式、姓名进行比对，筛查异常进行事后处理。

（3）加强营销档案核查工作建立电力用户档案信息动态更新机制，在开展各类业务时，关注用户联系信息。

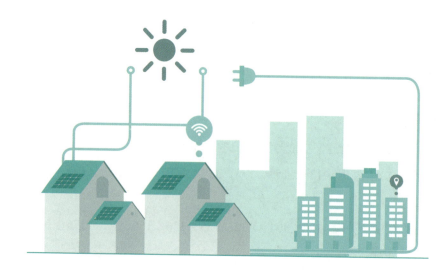

第四章

用电属性字段

用电属性字段较多，共包括行业分类、市场化属性分类、用电地址、城乡类别、合同容量、运行容量、电压等级等34个字段。

一、行业分类

字段释义

行业分类指根据行业标准编码表划分的从事国民经济中同性质的生产或其他经济社会活动的经营单位或者个体的组织结构体系。

关注等级 ★★★

校核范围 高压用户、低压非居民用户、低压居民用户。

匹配逻辑

图4-1　行业分类逻辑关系

字段截图

用户编号：	013458****	用户名称：	张**		
原用户编号：	0700000****	用户地址：	内蒙古自治区赤峰市松山区		
供电单位：	********	用户状态：	正常用电客户	自定义查询号：	
用户分类：	城网低压居民	负荷性质：	三类	重要性等级：	***
用电类别：	城镇居民生活用电	行业分类：	城镇居民	高耗能行业类别：	非高耗能
供电电压：	交流220kV	合同容量：	4　　　　kVA	运行容量：	4　　　　kVA

图4-2　行业分类系统截图

📝 采录校验

（1）不可为空；字符类型，最大长度8个字符。

（2）根据《GB/T 4754—2017国民经济行业分类》及《所有经济活动的国际标准行业分类》（2006，修订四版，简称ISIC Rev.4），结合用户现场用电情况选择行业分类。

（3）用户选择的行业分类应为最末级行业分类。

📋 逻辑校验

（1）用户电价的行业类别是城乡居民，电价对应用电类别应为城乡居民。

（2）计量点和用户电价应存在对应关系。

（3）八大高耗能行业营业户档案电价用电分类必须为大工业、普通工业、非工业的一种。

⊙ 易发问题

（1）因基层工作人员业务不熟练，导致行业分类选择错误。

（2）易造成电价选择错误、功率因数考核标准选择错误，导致电费计算不正确、利率执行不正确。

（3）在国民经济数据统计时统计错误，导致数据分析和下一步工作计划偏差。

⚡ 预防举措

（1）在办电建户环节，信息选择过程增加逻辑强制校验，杜绝录入错误。

（2）加强供电企业档案维护人员培训，减少选择失误。

（3）增加现场检查次数，及时通知已变更用户修正行业分类。

（4）通过政务平台调取营业执照信息，根据经营范围对行业类别进行智能校验，自动筛选不合理行业分类。

二、市场化属性分类

🔲 字段释义

市场化属性分类指用户的市场化属性所属类别。按销售场所、渠道将电力用户划分为市场化、非市场化、电能替代和电能替代(市场化)、电网代购四类。其中：市场化用户包括市场化直接交易用户（在交易、待交易和打捆）、市场化零售用户、增量配电网和部分市场化零售用户；非市场化用户包括营销已冻结和市场化已冻结用户；电网代购用户包括普通代购用户、退市代购用户、拥有燃煤自备电厂代购用户和高耗能代购用户。

⚠ 关注等级　★★★★

✦ 校核范围　除农业生产、居民生活用电用户之外的用户。

⊷ 匹配逻辑

图4-3　市场化属性分类逻辑关系

🖼 字段截图

客户编号：		客户名称：			
用户编号：		用户名称：			
原用户编号：		用电地址：	北京市大兴区经济开发区		
供电单位：	****	用户状态：	正常用电客户	自定义查询号：	
用户分类：	城网高压	负荷性质：	三类	重要性等级：	
用电类别：	普通工业	行业分类：	金属制品加工	高耗能行业类别：	非高耗能
供电电压：	交流10kV	合同容量：	200　　　　kVA	运行容量：	200　　　　kVA
抄表段编号：		生产班次：	单班	厂休日：	
立户日期：	2008-09-29	送电日期：	2008-09-29	到期日期：	
电费结算方式：	现金	电费通知：	短信	票据类型：	增值税专用发票
转供标志：	无转供	停电标志：	未停电	临时缴费关系号：	
检查周期：	12　　　月	上次检查日期：	2021-07-25	检查人员：	***
临时用电：	非临时用电	临时用电到期日期：		销户日期：	
增值税号：		增值税名：	有限公司	增值税电话：	
增值账号：		生效标志：	是		
增值税银行：	农行开发区支行	注册地址：	北京市大兴区经济开发区		
生效日期：	2002-07-25	失效日期：	2022-07-25		
市场化属性分类：	**普通代购用户**				

图4-4　市场化属性分类系统截图

✎ 采录校验

（1）不可为空；字符类型，最大长度8个字符。

（2）根据用户现场选择市场化属性分类。

📖 逻辑校验

具备市场化属性的用户不应为农业生产用户和居民生活用电用户。

易发问题

（1）因基层工作人员业务不熟练，导致市场化属性分类选择错误。

（2）易造成电价执行错误，导致电费计算不准确。

预防举措

（1）完善营销系统和交易平台线上流程，在交易入市和营销侧生效时间节点自动更新市场化属性，杜绝录入错误。

（2）建立营销、交易侧校核机制，根据市场化新增、退市名单定期核查比对，存在问题及时进行现场核查，更新市场化属性，确保电费结算准确。

三、用电地址

字段释义

用电地址指用电方受电设备所处的地理位置，包括省（自治区、直辖市）、市（地区、自治州、盟）、区县（州、县级市、旗）、乡（民族乡）、镇/街道、社区/行政村（居委会）和详细位置（道路、小区、门牌号）。

关注等级　★★★

校核范围　高压用户、低压非居民用户、低压居民用户。

匹配逻辑

图4-5　用电地址逻辑关系

字段截图

客户编号：	▓▓▓▓▓	客户名称：	▓▓▓▓▓		
用户编号：	▓▓▓▓▓	用户名称：	▓▓▓▓▓		
原用户编号：	▓▓▓▓▓	用电地址：	北京市大兴区经济开发区▓▓▓▓		
供电单位：	＊＊＊＊	用户状态：	正常用电客户	自定义查询号：	
用户分类：	城网高压	负荷性质：	三类	重要性等级：	
用电类别：	普通工业	行业分类：	金属制品加工	高耗能行业类别：	非高耗能
供电电压：	交流10kV	合同容量：	200　　　　kVA	运行容量：	200　　　　kVA

图4-6　用电地址系统截图

📝 **采录校验**

不可为空；字符类型，最大长度256个字符。

📋 **逻辑校验**

（1）省、市、县不能为空，直辖市不需校验。

（2）街道/乡镇（民族乡）、社区/行政村（居委会）不能为空。

（3）城区用户道路名称不能为空；农村或者边远地区，道路名称不需校验。

（4）城市小区名称、楼栋、单元、房屋信息齐全。

（5）农村村庄名称不能为空，门牌号码可以选填。

（6）用电地址不应有特殊字符、全角字符。

（7）同一表箱的用户用电地址，除了门牌号码，其余地址信息应一致。

（8）不能存在一址多户。

⊙ **易发问题**

（1）因基层工作人员业务不熟练，导致地址输入错误。

（2）因用户提供地址信息不规范，导致地址输入错误。

（3）在办电服务、上门维修、用电检查、抢险抢修等环节，易发生无法快速到达用户地址、服务延误等服务风险。

⚡ **预防举措**

（1）在办电环节对该字段进行重点提示，进行事前告知。

（2）在业务流程的录入用电地址环节中嵌入数据质量校验规则进行事中校验。

（3）加强营销档案核查工作，建立电力用户档案信息动态更新机制，在现场业务开展中，对现场用电地址和系统用电地址进行比对校核。

（4）每年6月、12月定期查阅国家民政部网站，对接当地民政部门获取行政区划地址变更信息，通过营销专业管理人员审核确认，将新的行政区划地址编码应用到营销专业用电地址中，并修改系统中用户档案地址信息。

（5）主动对接地方民政部门，收集本地最新的详细地址样例及编码规则，按季度更新本单位详细信息地址编码库。

（6）匹配第三方地理位置信息，对系统用电地址及时动态更新。

四、城乡类别

字段释义

城乡类别是划分城乡的重要标识和依据，以国务院关于市镇建制的规定和行政区划为划分基础，以民政部门确认的社区居民委员会、村民委员会辖区及类似村级地域为划分对象，以政府驻地的实际建设与周边区域的连接状况为划分依据。城乡类别采用城乡属性判断法进行划分，即先根据实际建设判断村级单位的城乡属性，再根据村级单位所在的统计区域和城乡属性，综合判断出村级单位的城乡类别。

关注等级 ★★★

校核范围 高压用户、低压非居民用户、低压居民用户。

匹配逻辑

图4-7　城乡类别逻辑关系

字段截图

用户分类：	低压居民		用电类别：	城镇居民
行业分类：	居民照明		高耗能行业类别：	无
供电电压：	交流220V		计量方式：	低供低计
合同容量(KVA)：	12		运行容量(KVA)：	12
生产班次：	无		区域重要性等级：	无
负荷性质：	三类		重要性等级：	无
立户日期：	2022-06-02		送电日期：	2022-06-02
销户日期：	无		到期日期：	2032-06-02
用电标志：	非临时用电		临时用电期限：	无
城乡类别：	城市		市场化属性分类：	非市场化
交易方式：	无			

图4-8　城乡类别系统截图

采录校验

（1）不可为空；字符类型，最大长度8个字符。

（2）根据用户现场用电区域选择，包含城市、农村、特殊边远地区。

逻辑校验

（1）不可为空或非标准代码值。

（2）当五级地址[省（自治区、直辖市）、市（地区、自治州、盟）、区县（州、县级市、旗）、街道/乡镇（民族乡）、社区/行政村（居委会）]相同时，不同用户的城乡类别应相同。

（3）应与用电类别城镇或乡村属性匹配。

易发问题

（1）因用户提供地址信息不规范导致城乡类别选择错误。

（2）在统计电量等数据时对应城市和农村数据出现错误，导致数据分析和下一步工作计划偏差。

（3）易发生故障抢修地点判断错误，引发未及时到达现场服务风险。

预防举措

（1）在办电建户环节对该字段进行重点提示，在批量新装受理环节增加城乡标志校验。

（2）将用电地址与规划部门划定的农村和城市区域进行比较，确认城乡类别并对字段进行核对。

（3）加强营销档案核查工作，建立电力用户档案信息动态更新机制，按照国家民政部（国家统计局）发布的城乡类别进行判断，定期更新。

五、合同容量

字段释义

合同容量指供电企业许可并在供用电合同中约定的用户受电设备总容量。

对居民用户而言，合同容量指装设的电能表表量；对低压用户而言，合同容量指允许装接的用电设备容量；对高压用户而言，合同容量指直接接在受电电压线路上的变压器和直配高压电动机容量之和。双电源或多电源用户，应按每路电源可接入容量的最大可能值之和计算。

🔺 **关注等级** ★★★★

❄️ **校核范围** 高压用户、低压非居民用户、低压居民用户。

🔗 **匹配逻辑**

图4-9 合同容量逻辑关系

🖼️ **字段截图**

客户编号：	▓▓▓▓▓	客户名称：	▓▓▓▓▓、▓▓▓▓▓		
用户编号：	▓▓▓▓▓	用户名称：	▓▓▓▓▓、▓▓▓▓▓		
原用户编号：	▓▓▓▓▓	用电地址：	北京市大兴区经济开发区▓▓▓▓▓		
供电单位：	▓▓▓▓	用户状态：	正常用电客户	自定义查询号：	
用户分类：	城网高压	负荷性质：	三类	重要性等级：	
用电类别：	普通工业	行业分类：	金属制品加工	高耗能行业类别：	非高耗能
供电电压：	交流10kV	合同容量：	200 kVA	运行容量：	200 kVA

图4-10 合同容量系统截图

✏️ **采录校验**

（1）不可为空。

（2）数值类型，有效位数16位，小数位6位。

📋 **逻辑校验**

（1）正常用电户的合同容量大于零。

（2）电压在110kV及以上的用户，合同容量不能低于1万kVA。

（3）合同容量不小于运行容量。

（4）合同容量50kVA以下的用户，供电电压不应大于或等于35kV。

（5）用户的安装容量或合同容量值不能大于1亿kVA。

（6）用户合同容量不应小于主供电源或常用互为备用电源的供电容量之和。

（7）合同容量应与用户所属受电设备总容量相等。

（8）合同容量低于100kVA的用户，不应执行力率考核。

ⓘ 易发问题

（1）因用户提供用电信息不规范，导致容量填写错误。

（2）易发生用户定价策略类型选择错误。

（3）易在基本电费计算、功率因数考核标准执行、电能表费率配置、互感器配置、变损计算、超容用电判断等方面发生偏差，引发服务风险。

（4）易发生漏收基本电费问题。

⚡ 预防举措

（1）在办电流程中涉及合同容量环节对该字段进行重点提示，与变压器容量进行比对，进行事前告知。

（2）在新装、增容等流程中增加变压器容量、综合倍率的合理范围逻辑校验。

（3）拟定计量方案时核对合同容量、功率因数考核等字段。

（4）办电流程送电前，根据供电方案对配电变压器容量进行现场确认。

（5）定期组织现场排查，对异常数据进行复核，及时完成事后处理。

六、运行容量

☰ 字段释义

运行容量指用电客户正在使用的合同容量。一般情况下，合同容量与运行容量是一致的，但专变用户如办理了减容或暂停等业务时，运行容量会与合同容量不一致，在减容或暂停期间其运行容量等于合同容量减去已减容或暂停的容量。

△ 关注等级　★★★★

⊗ 校核范围　高压用户、低压非居民用户、低压居民用户。

匹配逻辑

图4-11　运行容量逻辑关系

字段截图

客户编号：	▨▨▨▨▨	客户名称：	▨▨▨▨▨	
用户编号：	▨▨▨▨▨	用户名称：	▨▨▨▨▨	
原用户编号：	▨▨▨▨▨	用电地址：	北京市大兴区经济开发区▨▨▨▨	
供电单位：	****	用户状态：	正常用电客户	自定义查询号：
用户分类：	城网高压	负荷性质：	三类	重要性等级：
用电类别：	普通工业	行业分类：	金属制品加工	高耗能行业类别： 非高耗能
供电电压：	交流10kV	合同容量： 200 kVA	运行容量： 200 kVA	

图4-12　运行容量系统截图

采录校验

（1）不可为空。

（2）数值类型，有效位数16位，小数位6位。

逻辑校验

（1）运行容量不小于零。

（2）运行容量不应大于合同容量。

（3）运行容量应与运行受电设备总容量相等。

（4）执行大工业电价时，档案运行容量不应小于315kVA。

（5）执行普通工业电价时，档案运行容量应小于315kVA。

易发问题

（1）因用户提供用电信息不规范，导致容量填写错误。

（2）易发生用户定价策略类型选择错误。

（3）易在基本电费计算、功率因数考核标准执行、电能表费率配置、互感器配置、变损计算、超容用电判断等方面发生偏差，引发服务风险。

（4）易发生漏收基本电费问题。

预防举措

（1）在业务流程中涉及合同容量环节对该字段进行重点提示，与变压器容量进行比对，进行事前告知。

（2）在减容、暂停等流程中增加变压器容量、综合倍率的合理范围逻辑校验。

（3）定期组织现场排查，对异常数据进行复核，及时完成事后处理。

七、电压等级

字段释义

电压等级指用电客户的供电电压等级代码，多路电源时取电压等级最高的供电电压等级代码。

关注等级 ★★★

校核范围 高压用户、低压非居民用户、低压居民用户。

匹配逻辑

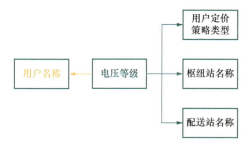

图4-13 电压等级逻辑关系

字段截图

客户编号：		客户名称：		
用户编号：		用户名称：	北京市大兴区经济开发区	
原用户编号：		用电地址：	北京市大兴区经济开发区	
供电单位：	****	用户状态：	正常用电客户	自定义查询号：
用户分类：	城网高压	负荷性质：	三类	重要性等级：
用电类别：	普通工业	行业分类：	金属制品加工	高耗能行业类别： 非高耗能
供电电压：	交流10kV	合同容量：	200 kVA	运行容量： 200 kVA

图4-14 电压等级系统截图

采录校验

（1）不可为空；字符类型，最大长度8个字符。

（2）根据用电客户的现场供电电压，选择对应的等级代码。

🔲 **逻辑校验**

（1）低压居民及非居民用户电压等级应小于6kV。

（2）高压用户电压等级应大于0.4kV。

（3）高压用户高压电源供电电压应与所属供电线路电压等级一致。

（4）用电类别所属工业类用户的电压等级不应小于220V。

（5）大工业用户电压等级不应小于6kV。

（6）用户电压等级为高压，主计量点计量方式不应为低供低计。

⚠️ **易发问题**

（1）因用户提供的用电信息不规范导致电压选择错误。

（2）易发生用户定价策略类型选择错误。

（3）易在电价执行、电能表配置等方面发生偏差，引发服务风险。

🛡️ **预防举措**

（1）在业务流程中对电压等级进行重点提示。

（2）在业务流程中增加电压等级、用电类别、计量方式的逻辑校验。

（3）加强营销档案核查工作，建立电力用户档案信息动态更新机制，定期组织现场排查，对异常数据进行复核。

八、用户重要性等级

💬 **字段释义**

根据供电可靠性要求以及中断供电危害程度，将电力用户分为特级、一级、二级、临时性重要电力用户和非重要电力用户。

⚠️ **关注等级** ★★★

✳️ **校核范围** 高压用户。

匹配逻辑

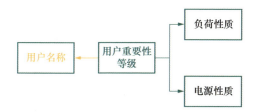

图4-15 用户重要性等级逻辑关系

字段截图

客户编号：		客户名称：			
用户编号：		用户名称：			
原用户编号：		用电地址：	内蒙古自治区赤峰市		
供电单位：	****	用户状态：	正常用电客户	自定义查询号：	
用户分类：	城网高压	负荷性质：	三类	重要性等级：	二级重要电力客户
用电类别：	普通工业	行业分类：	金属制品加工	高耗能行业类别：	非高耗能
供电电压：	交流10kV	合同容量：	250 kVA	运行容量：	250 kVA

图4-16 用户重要性等级系统截图

采录校验

（1）不可为空；字符类型，最大长度8个字符。

（2）根据用户实际情况，选择用户重要性等级。

逻辑校验

（1）每个用户只允许一种分类。

（2）特级重要电力用户具备三路电源供电条件，其中的两路电源应当来自两个不同的变电站，当任何两路电源发生故障时，第三路电源能保证独立正常供电。

（3）一级重要电力用户具备两路电源供电条件，两路电源应当来自两个不同的变电站，当一路电源发生故障时，另一路电源能保证独立正常供电。

（4）二级重要电力用户具备双回路供电条件，供电电源可以来自同一个变电站的不同母线段。

（5）临时性重要电力用户按照供电负荷重要性，在条件允许情况下，可以通过临时架线等方式具备双回路或两路以上电源供电条件。

⚠ **易发问题**

（1）因用户提供的用电信息不规范，导致重要性等级选择错误。

（2）用电检查不到位，引发安全责任认定不准确的服务风险。

⚡ **预防举措**

（1）完善系统功能，对双电源、高危用户进行智能筛查，根据异常明细去现场核对重要用户等级。

（2）加强营销档案核查工作，建立电力用户档案信息动态更新机制，定期对重要用户进行现场检查，对异常数据进行复核。

九、用电类别

🖃 **字段释义**

根据用户的用电性质来划分，用电类别包括居民生活用电、工商业用电和农业生产用电三大类。详细类别引用国家电网公司营销管理代码类集：5110.4（一般设计为标准代码值，代码值对应可选项包含考核、大工业用电、大工业中小化肥、大工业其他优待、居民生活用电、乡村居民生活用电、城镇居民生活用电、中小学教学用电、农业生产用电、农业排灌、贫困县农业排灌用电、一般工商业、非居民照明、非工业、普通工业，普通工业中小化肥、商业用电等）。

⚠ **关注等级**　★★★★★

✵ **校核范围**　高压用户、低压非居民用户、低压居民用户。

匹配逻辑

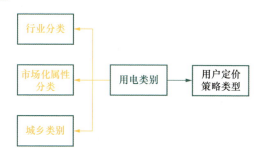

图4-17　用电类别逻辑关系

字段截图

客户编号：		客户名称：	
用户编号：		用户名称：	
原用户编号：		用电地址： 内蒙古自治区赤峰市	
供电单位：****		用户状态：正常用电客户	自定义查询号：
用户分类：城网高压		负荷性质：三类	重要性等级：二级重要客户
用电类别：普通工业		行业分类：金属制品加工	高耗能行业类别：非高耗能
供电电压：交流10kV		合同容量：250　　kVA	运行容量：250　　kVA

图4-18　用电类别系统截图

采录校验

（1）不可为空或非标准代码值；字符类型，最大长度8个字符。

（2）根据用户实际情况，选择用电类别。

逻辑校验

（1）用电类别高低压属性应与电压等级一致。

（2）用电类别属性应与主计量点的电价行业类别一致。

（3）城镇或乡村属性应与城乡标志匹配。

（4）若一个用户只有一个计量点时，档案的用电类别应与执行电价的用电类别一致。

（5）若用户所有计量点电价存在大工业的，用户的用电类别应为大工业。

易发问题

（1）因用户提供的用电信息不规范导致用电类别选择错误。

（2）因用电类别选择错误造成电价执行错误，导致用户或供电公司经济损失。

🛡 **预防举措**

（1）在办电流程环节对该字段进行重点提示。

（2）对新装用户电源数目进行核对，业扩人员选择用电类别后，自动显示该用电类别下的典型用户特征。

（3）加强营销档案核查工作，建立电力用户档案信息动态更新机制，用户信息变更时，匹配信息嵌入数据质量校验规则进行事中校验。

十、用户定价策略类型

🗐 **字段释义**

用户定价策略类型指合同约定的用户电价结构（单一制、两部制），用于电费计算及统计。

⚠ **关注等级** ★★★★★

❀ **校核范围** 高压用户、低压非居民用户、低压居民用户。

⌘ **匹配逻辑**

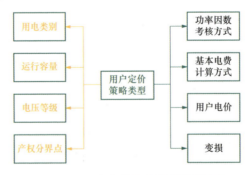

图4-19　用户定价策略类型逻辑关系

字段截图

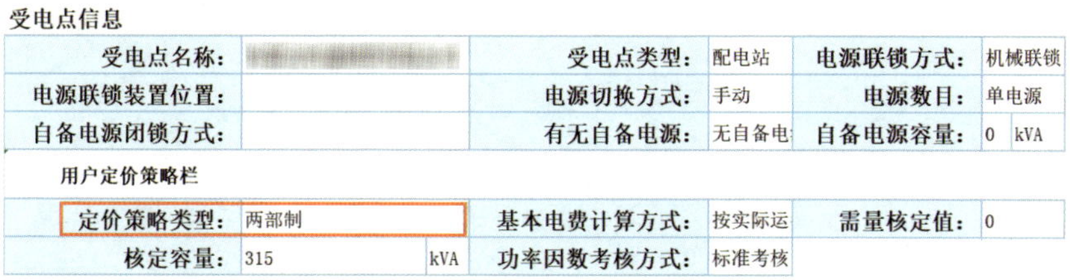

受电点信息

受电点名称：		受电点类型：	配电站	电源联锁方式：	机械联锁
电源联锁装置位置：		电源切换方式：	手动	电源数目：	单电源
自备电源闭锁方式：		有无自备电源：	无自备电	自备电源容量：	0　kVA

用户定价策略栏

定价策略类型：	两部制		基本电费计算方式：	按实际运	需量核定值：	0
核定容量：	315	kVA	功率因数考核方式：	标准考核		

图4-20　用户定价策略类型系统截图

采录校验

（1）不可为空或非标准代码值；字符类型，最大长度8个字符。

（2）根据用户实际情况，选择用户定价策略类型。

逻辑校验

（1）执行"两部制"定价策略的用户，其基本电费计收方式不应为"不计收"（按照本书编制时的国家政策，部分电动汽车充电设施按照大工业电价计费但是不征收基本电费）。

（2）执行"单一制"定价策略用户基本电费计收方式应为"不计收"。

（3）两部制电价用户合同容量通常不应小于315kVA。

（4）容量达到315kVA的光伏发电用户关联的专变大工业用户应执行大工业电价。

易发问题

（1）因用户提供的用电信息不规范导致用电类别选择错误。

（2）营销系统中用户定价策略类型选择不准确，导致电价执行或功率因数考核标准错误，进而导致计费错误。

预防举措

（1）在营销系统增减容流程中增加逻辑强制校验功能，杜绝人工录入错误。

（2）定价策略中功率因数标准选择与报装容量、用电类型强制匹配，一般来说，容量为315kVA以上的工业用户均需执行两部制电价，有特殊政策的除外。

（3）加强营销档案核查工作，建立电力用户档案信息动态更新机制，定期开展用户现场检查，及时更新定价策略类型。

十一、功率因数考核方式

字段释义

由于电动机会产生无功功率，用户有义务按有关标准安装无功补偿设备，防止无功电力倒送。电费中设置了功率因数考核（力调）电费，根据用户每个月功率因数相应增加或减少部分电费，以便调动用户治理无功功率的积极性。一般来说，如果没有特殊政策，功率因数考核方式应按规定选择"不考核"或"标准考核"。实际操作中，一般设计为标准代码，可选项包括：不考核，考核标准0.8、考核标准0.85、考核标准0.9。

关注等级 ★★★★★

校核范围 高压用户、低压非居民用户、低压居民用户。

匹配逻辑

图4-21 功率因数考核方式逻辑关系

字段截图

用户电价信息

功率因数标准：	考核标准0.9	*电价行业类别： 通信设备制造
*固定力率：		是否执行峰谷标志： 是
用电类别：	大工业用电	
*电价码：	10kV大工业非优待（征收公用事业附加）	
*输配电价码：	10kV输配电价两部制	

图4-22 功率因数考核方式系统截图

采录校验

不可为空，不可为非标准代码值。

逻辑校验

（1）电价码为非工业且运行容量大于100kVA的客户，功率因数考核标准不为0.85。

（2）电价码为普通工业且运行容量100~160kVA的客户，功率因数考核标准不为0.85。

（3）电价码为普通工业且运行容量大于160kVA的客户，功率因数考核标准不为0.9。

（4）运行容量大于等于100kVA，电价码电价类别为农业生产、商业、非居民照明、非工业、普通工业、大工业的客户，功率因数考核方式不应为"不考核"。

（5）运行容量小于100kVA，电价码电价类别为农业生产、商业、非居民照明、非工业、普通工业、大工业的客户，功率因数考核方式应为"不考核"。

（6）各省市如有特殊规定应在国家标准基础上执行本地规定。

易发问题

（1）因用户提供的用电信息不规范或基层人员业务不熟练，导致功率因数考核标准选择错误。

（2）错误的功率因数考核方式导致电费计算不正确，给用户或供电公司造成经济损失。

预防举措

（1）加强工作人员工作细致程度，在输入相关信息时进行人工核校，避免人为错误的发生。

（2）在业务流程中将功率因数标准选择与报装容量、用电类型强制匹配，实现事中校验。

（3）加强营销档案核查工作，建立电力用户档案信息动态更新机制，定期开展用户现场检查，及时更新功率因数执行标准。

十二、基本电费计算方式

字段释义

基本电费计算方式指计算基本电费执行的策略、方式，用于电费计算统计。包括按变压器容量计费和按最大需量计费。

关注等级 ★★★★★

校核范围 高压用户。

匹配逻辑

图4-23 基本电费计算方式逻辑关系

字段截图

受电点信息

受电点名称：	███████████	受电点类型：	配电站	电源联锁方式：	机械和电子联锁
电源联锁装置位置：		电源切换方式：	手动	电源数目：	单电源
自备电源闭锁方式：		有无自备电源：	无自备电源	自备电源容量：	0 kVA

用户定价策略栏

定价策略类型：	两部制	基本电费计算方式：	按实际最大需量	需量核定值：	0
核定容量：	0 kVA	功率因数考核方式：	标准考核		

图4-24 基本电费计算方式系统截图

采录校验

（1）不可为空或非标准代码值；字符类型，最大长度8个字符。

（2）根据用户实际情况，选择基本电费计算方式。一般为标准代码，可选项包括容量、实际最大需量、合约最大需量、容需对比、不计算、容需并存、特殊算法等。

逻辑校验

（1）两部制电价用户的基本电费计算方式不应为空或不计算。

（2）执行合约最大需量时，需量核定值不应为空。

（3）近三个抄表结算周期基本电费计算方式错误变更，应至少满一个季度。

! 易发问题

（1）因用户提供用电信息不规范或工作人员业务不熟练，导致基本电费计算方式选择错误。

（2）造成系统算费错误，用户系统信息不准确、用电类别区分不清，将影响基本电费计算，直接造成公司经济损失。

⚡ 预防举措

（1）加强现场勘察，核实清楚用户用电类别和用电容量。

（2）在用户档案核查中，通过用户容量、用电类别字段对基本电费计算方式进行校验和提示。

（3）加强营销档案核查工作，建立电力用户档案信息动态更新机制，定期开展用户现场检查，引导用户及时变更基本电费计算方式。

十三、用户电价

☰ 字段释义

用户电价指用户执行的用电价格。按用户用途辅以容量大小，分为居民生活用电、工商业用电以及农业生产用电等大类，分别计价。

⚠ 关注等级　★★★★★

✦ 校核范围　高压用户、低压非居民用户、低压居民用户。

⚙ 匹配逻辑

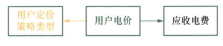

图4-25　用户电价逻辑关系

字段截图

用户电价

受电点名称	执行电价	电价行业类别	是否执行峰谷标志	功率因数标准
░░░░░░░░	大工业电价（1～10kV）	金属制品加工	是	0.9

图4-26　用户电价系统截图

采录校验

（1）不可为空。

（2）根据用户实际情况，选择用户电价。通常设计为标准编码格式，称为电价码，一般每个计量点对应一个电价码，用户执行何种电价与用户计量方式有关，在用户新装时，一般会在供电方案相应章节中有明确规定。

逻辑校验

（1）计量点上电价码不应为空或不在电价码表中。

（2）计量点分时标志与执行电价中时段应同步。

（3）计量点电价是分时的，对应有功表示数类型不应只有一个示数类型"总"。

（4）计量点电压应在其对应电价的电压范围内。

（5）100kVA及以下的工商业用户，不应执行两部制电价。

（6）运行容量大于315kVA的工业用户，通常不应执行单一制电价。

（7）工商业用户暂停/减容恢复后容量大于等于315kVA，电价应改为两部制电价。

（8）执行两部制电价的用户暂停/减容后容量小于100kVA及以下，电价应改为单一制电价。

（9）高耗能淘汰类应执行分时电价。

（10）档案信息中分时电价标志为"是"的，电价应选择分时电价。

易发问题

（1）因用户提供的用电信息不规范或基层人员业务不熟练，导致用户电价选择错误。

（2）如果电价选错，会造成电费计算不准确。直接影响用户和公司的正当权益。

⚡ 预防举措

（1）加强业务人员业务培训，在输入相关信息时进行校核，避免人为错误的发生。

（2）严格执行分时电价，尤其是尖峰时段的执行周期和时段。

（3）新装时，验证用户的用电类别、行业分类、电压等级、城乡标志，基金及附加政策和执行电价码是否匹配。

（4）加强营销档案核查工作，建立电力用户档案信息动态更新机制，定期开展现场检查，引导用户及时变更用电电价。

十四、变损

☰ 字段释义

变压器在工作时，本身会消耗一定的电能，这部分消耗的电能一般称为变压器损耗，简称变损，主要包括空载损耗（铁损）和负载损耗（铜损）。在变损字段信息中一般包括变损分摊标志、变损分摊协议值、变损计费标志等。

⚠ 关注等级　★★★★★

✦ 校核范围　高压用户。

⊷ 匹配逻辑

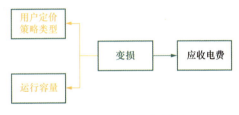

图4-27　变损逻辑关系

📉 **字段截图**

计费参数信息

电价:	10kV一般工商业非居民照明			计算方式:	实抄（装表计量）
定量定比值:	0	定比扣减标志:	否	执行顺序:	1
力率考核方式:	标准考核	扣减方式:			
变损分摊标志:	否	变损分摊协议值:	0	变损计费标志:	否

图4-28 变损系统截图

✏️ **采录校验**

（1）可为空；数值类型，有效位数16位。

（2）根据用户实际情况，选择是否计算变损。

📋 **逻辑校验**

（1）变损不能为负值。

（2）除高供低计计量点外，当期结算电量中不应含变损电量。

（3）上个抄表周期有计划发行，本抄表结算周期内"变损算费天数"不应大于31天。

（4）若运行容量为"0"，本月电能表抄录电量等于"0"，有功变（线）损电量应为"0"；

（5）若运行容量不为"0"，本月电能表抄录电量等于"0"，有功线损电量应为"0"、变损不应为"0"。

⚠️ **易发问题**

（1）因用户提供的用电信息不规范或基层人员业务不熟练，导致计算变损选择错误。

（2）易发生计量装置计费不准确等问题，导致引发计费电费收缴等服务风险。

⚡ **预防举措**

（1）在业务流程的计量点信息录入环节中嵌入数据质量校验规则进行录入校验，高供低计的用户需要计算变损电量。

（2）加强营销档案核查工作，建立电力用户档案信息动态更新机制，定期开展现场检查，及时变更变损计算方式。

十五、计量方式

字段释义

根据用户用电现场情况，在具备安全规定条件下，满足用户电能精准测量要求的计量装置设置点，用于分类统计与供电方案答复等。计量方式按计量装置设置点分为高供高计、高供低计和低供低计。

关注等级

★★★★★

校核范围

高压用户、低压非居民用户、低压居民用户。

匹配逻辑

图4-29　计量方式逻辑关系

字段截图

计量点信息

计量点编号:	276541	计量点名称:		开关编号:	0000
变电站:	电网_□□□变电站	线路:	电网_□□□□□□	台区:	
计量点级数:	1	抄表顺序号:	1019	计量顺序号:	1019
计量点分类:	用电客户	计量交换分类:	地市电网	计量点性质:	结算
计量方式:	高供高计	电压等级:	交流10kV	计量点容量:	315　kVA
主用途类型:	售电侧结算	是否装表:	是	安装负控:	是
计量装置分类:	IV类计量装置	接线方式:	三相三线	中性点接地方式:	中性点直接接地

图4-30　计量方式系统截图

采录校验

（1）不可为空或非标准代码值；字符类型，最大长度8个字符。

（2）根据用户实际情况，选择计量方式。

逻辑校验

（1）低压居民用户计量方式应为低供低计；用户供电电压为高压，主计量点计量方式不应为低供低计。

（2）电能表相线为三相三线对应的计量点不应有低供低计。

（3）非内部考核关口不应为低供低计的计量方式。

（4）计量方式低供低计，计量点电压等级不应为6kV及以上；计量方式是高供高计，计量点电压等级不应为6kV以下。

易发问题

（1）因工作人员业务不熟练导致计量方式选择错误。

（2）易发生计量装置计费不准确等问题，引发计费电费收缴等服务风险。

预防举措

（1）在办电建户环节对该字段进行重点提示，严格按照办电新装受理信息选择正确内容。

（2）使用运营商数据对计量点信息、电能表综合倍率与互感器倍率嵌入对比校验规则，筛查异常并进行事后处理。

（3）加强营销档案核查工作，建立电力用户档案信息动态更新机制，定期开展现场检查，及时变更计量方式。

十六、计量点接线方式

字段释义

计量点接线方式指电网经营企业与电力用户间结算电费的电能计量点接入所属线路的接线方法，包括单相、三相三线、三相四线。

关注等级 ★★★★★

校核范围 高压用户、低压非居民用户、低压居民用户。

匹配逻辑

图4-31 计量点接线方式逻辑关系

字段截图

计量点信息

计量点编号	276541	计量点名称	████████████	开关编号	000088765
变电站	电网_青松岭变电站	线路	电网_10kV青松岭213岭南线	台区	████████████配电台区
计量点级数	1	抄表顺序号	1019	计量顺序号	1019
计量点分类	用电客户	计量交换分类	地市电网	计量点性质	结算
计量方式	高供高计	电压等级	交流10kV	计量点容量	315　kVA
主用途类型	售电侧结算	是否装表	是	安装负控	是
计量装置分类	Ⅳ类计量装置	接线方式	三相三线	中性点接地方式	中性点直接接地

图4-32　计量点接线方式系统截图

采录校验

（1）不可为空或非标准代码值；字符类型，最大长度8个字符。

（2）根据用户实际计量方式，选择计量点接线方式。

逻辑校验

（1）计量点电压等级为220V，计量点接线方式应为单相。

（2）计量点的计量方式为低供低计，计量点接线方式不应为三相三线。

（3）用户供电电压为10kV且其计量点的计量方式为高供低计，计量点接线方式不应为三相三线。

（4）电能计量点计量方式为高供高计，接线方式不应为单相。

易发问题

（1）因工作人员业务不熟练导致计量点接线方式选择错误。

（2）易发生基础档案错误、电量计量差错等问题，引发电费收取错误等服务风险。

预防举措

（1）在办电建户环节对计量点接线方式、电能表接线方式进行重点提示和事前告知。

（2）运用营销数据中台数据，对计量点接线方式和电能表接线方式比对，筛查异常并进行事后处理。

（3）加强营销档案核查工作，建立电力用户档案信息动态更新机制，定期开展现场检查，及时变更计量点接线方式。

十七、综合倍率

字段释义

综合倍率指电能表所匹配互感器的倍率，也称为变比、变流（压）比、电流（压）比。

关注等级 ★★★★★

校核范围 高压用户、低压非居民用户、低压居民用户。

匹配逻辑

图4-33　综合倍率逻辑关系

字段截图

电能表信息

资产编号：	16300010000000…	条码号：	16300010000000…	出厂编号：	16300010000001…
资产类别：	智能表	资产类型：	电子式－智能无费控	综合倍率：	6000
相线：	三相三线	资产型号：	DSZ6	制造单位：	*****
电压：	3×100V	电流：	3*1.5（6）A	是否本地预付费：	否

图4-34　综合倍率系统截图

采录校验

（1）不可为空；数值类型，有效位数10位，小数位2位。

（2）最小为"1"，不可为"0"。

逻辑校验

（1）电能表综合倍率与电能表自身倍率及其所匹配互感器倍率之积应一致。

（2）结算倍率应与最后一次业扩流程中综合倍率一致。

易发问题

（1）因工作人员业务不熟练导致综合倍率匹配错误。

（2）易发生电费核算不准确等问题，引发电费收缴等服务风险。

⚡ **预防举措**

（1）在业务流程的录入计量点信息环节中嵌入数据质量校验规则进行录入校验。

（2）使用运营商数据对计量点信息、电能表综合倍率与互感器倍率嵌入对比校验规则，筛查异常并进行事后处理。

十八、负荷性质

📋 **字段释义**

用户对供电可靠性的要求不同，为使供配电系统达到技术上合理和经济上节约，将电力负荷分为三类：一类负荷、二类负荷和三类负荷。

🏅 **关注等级**　★★

⬡ **校核范围**　高压用户。

🔗 **匹配逻辑**

图4-35　负荷性质逻辑关系

🖼 **字段截图**

客户编号：		客户名称：		
用户编号：		用户名称：		
原用户编号：		用电地址：	内蒙古自治区赤峰市	
供电单位：	****	用户状态：	正常用电客户	自定义查询号：	
用户分类：	城网高压	负荷性质：	三类	重要性等级：	二级重要客户
用户类别：	普通工业	行业分类：	金属制品加工	高耗能行业类别：	非高耗能
供电电压：	交流10kV	合同容量：	250　　kVA	运行容量：	250　　kVA

图4-36　负荷性质系统截图

📝 **采录校验**

（1）不可为空；字符类型，最大长度8个字符。

（2）根据用户实际用电情况选择负荷性质。

📑 **逻辑校验**

每个用户只允许一种分类。

⏱ **易发问题**

（1）因用户提供的用电信息不规范或基层人员业务不熟练导致负荷性质选择错误。

（2）易发生抢修范围、抢修负荷不清、应急处置不当等服务风险。

⚡ **预防举措**

（1）在用户办电环节，充分了解用户用电情况，确保源头信息准确无误。

（2）在业务流程环节加入关键信息图片录入。

（3）加强营销档案核查工作，建立电力用户档案信息动态更新机制，加强日常巡视运维，及时更新用户重要性等级和负荷性质。

十九、电源数目

💬 **字段释义**

指受电点接入电源的数目，引用国家电网有限公司营销管理代码类集：5110.13电源数目分类代码，包括单电源，双电源，多电源。

⚠ **关注等级** ★★★

❄ **校核范围** 高压用户、低压非居民用户、低压居民用户。

⛓ **匹配逻辑**

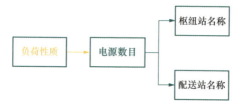

图4-37 电源数目逻辑关系

字段截图

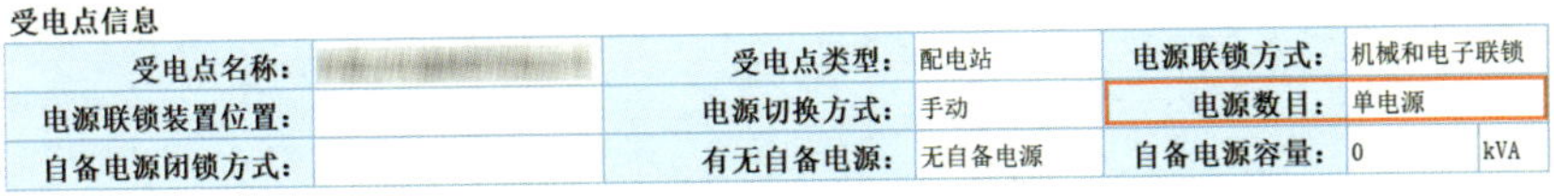

受电点信息

受电点名称：	███████████	受电点类型：	配电站	电源联锁方式：	机械和电子联锁	
电源联锁装置位置：		电源切换方式：	手动	电源数目：	单电源	
自备电源闭锁方式：		有无自备电源：	无自备电源	自备电源容量：	0	kVA

图4-38　电源数目系统截图

采录校验

（1）不可为空或非标准代码值；字符类型，最大长度8个字符。

（2）根据用户实际用电情况选择电源数目。

易发问题

（1）因用户提供的用电信息不规范或基层人员业务不熟练导致电源数目选择错误。

（2）易发生抢修范围、抢修电源不清等服务风险。

预防举措

（1）在用户办电流程的用户受电工程信息录入环节对该字段进行重点提示。

（2）用户信息变更时，不匹配信息嵌入数据质量校验规则进行事中校验。

二十、枢纽站名称

字段释义

枢纽站名称指用户供电电源所属变电站名称。

关注等级　★★★★

校核范围　高压用户、低压非居民用户、低压居民用户。

匹配逻辑

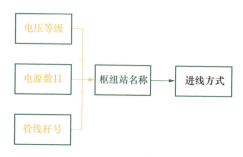

图4-39 枢纽站名称逻辑关系

字段截图

电源信息

电源编号：	11002▮▮▮▮▮▮	电源类别：	专变
供电电压：	交流10kV	供电容量：	315kVA
电源相数：	三相电源	运行方式：	**
变电站：	电网_青松岭变电站	线路：	电网_10kV▮▮▮▮▮▮▮▮
台区：	▮▮▮▮▮▮▮▮▮配电台区	进线杆号：	10#
电源性质：	主供电源	进线方式：	架空
低压接线箱号：		产权分界点：	接户线用户端最后支持物

变电站查询

	选择	管理单位	变电站编号	变电站名称	电压等级	主变台数	主变容量	运行状态	地址	业务系统ID
1	○	****	▮▮▮▮▮	电网_青松岭变电站	交流110kV	2	100	运行	*****	******

图4-40 枢纽站名称系统截图

采录校验

不可为空；字符类型，最大长度256个字符。

逻辑校验

（1）电源所属变电站、线路、台区要有完整的关联关系。

（2）与设备（资产）运维精益管理系统（PMS）一一对应。

易发问题

工作人员业务不熟练，导致营销业务应用系统与设备（资产）运维精益管理系统（PMS）"站-线-变"关系不一致。

预防举措

（1）用户办电时，严格审核供电方案，确认变电站信息。

（2）熟练应用地理信息系统（GIS）图形客户端，严格审核变电站图形出口。

二十一、管线杆号

字段释义

管线杆号指用户受电设备所连接供电线路名称。

关注等级　★★★

校核范围　高压用户、低压非居民用户、低压居民用户。

匹配逻辑

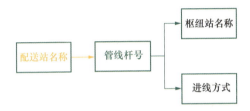

图4-41　管线杆号逻辑关系

字段截图

电源信息

电源编号：	11002███	电源类别：	专变
供电电压：	交流10kV	供电容量：	315kVA
电源相数：	三相电源	运行方式：	**
变电站：	电网_青松岭变电站	线路：	电网_10kV███
台区：	███配电台区	进线杆号：	10#
电源性质：	主供电源	进线方式：	架空
低压接线箱号：		产权分界点：	接户线用户端最后支持物

线路查询

	选择	管理单位	线路编号	线路名称	电压等级	线路类型	是否有损	运行状态	业务系统ID
1	○	****	███	███	交流10kV	农网	否	运行	******

图4-42　管线杆号系统截图

采录校验

不可为空；字符类型，最大长度256个字符。

逻辑校验

（1）用户计量点对应线路不能为空值。

（2）电源的线路不能为空。

（3）双电源用户主供电源和备用电源的线路不应为同一条线路。

（4）受电设备的线路不能为空。

（5）电源所属变电站、线路、台区要有完整的关联关系。

（6）与设备（资产）运维精益管理系统（PMS）一一对应。

⊙ 易发问题

（1）工作人员业务不熟练，导致营销业务应用系统与设备（资产）运维精益管理系统（PMS）"站-线-变"关系不一致。

（2）高压线路所属馈线不一致。

⚡ 预防举措

（1）构建全网动态、实时监控体制，监控营配调贯通增量数据的各类信息以及数据质量异动情况，确保营配增量数据维护的及时性、准确性及完整性。

（2）严格执行10kV及以下配网用电设备和接入点等数据的命名规则。

（3）优化变电站、线路、配电变压器、计量箱等配用电设备和营业厅、供电所等服务资源信息维护标准。

二十二、配送站名称

⊜ 字段释义

配送站名称指供电台区，用户供电电源所属台区名称。

△ 关注等级　★★★★

✳ 校核范围　高压用户、低压非居民用户、低压居民用户。

⊶ 匹配逻辑

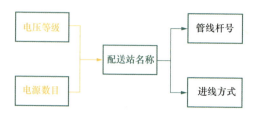

图4-43　配送站名称逻辑关系

字段截图

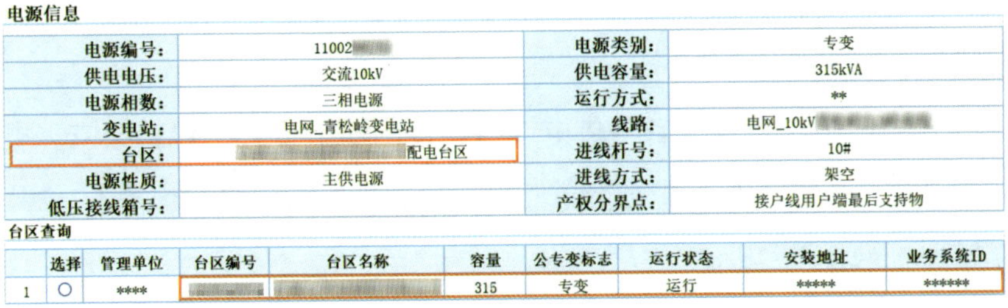

电源信息

电源编号：	11002▢▢▢▢▢	电源类别：	专变
供电电压：	交流10kV	供电容量：	315kVA
电源相数：	三相电源	运行方式：	**
变电站：	电网_青松岭变电站	线路：	电网_10kV▢▢▢▢▢▢▢
台区：	▢▢▢▢▢▢▢▢▢▢配电台区	进线杆号：	10#
电源性质：	主供电源	进线方式：	架空
低压接线箱号：		产权分界点：	接户线用户端最后支持物

台区查询

	选择	管理单位	台区编号	台区名称	容量	公专变标志	运行状态	安装地址	业务系统ID
1	○	****	▢▢▢▢▢▢▢		315	专变	运行	*****	******

图4-44　配送站名称系统截图

采录校验

不可为空；字符类型，最大长度256个字符。

逻辑校验

（1）用户计量点对应台区不能为空值。

（2）电源的台区不能为空。

（3）受电设备的台区不能为空。

（4）电源所属变电站、线路、台区要有完整的关联关系。

（5）台区与设备（资产）运维精益管理系统（PMS）对应的变压器各类属性（运行状态、容量等）一一对应。

易发问题

（1）营销专变台区和运检推送公变台区使用混乱。

（2）一台变压器关联两个高压用户。

（3）有变户关系但不一致。

预防举措

（1）台区名称需加上台区编号，区分同名台区。

（2）加强营销档案核查工作，建立电力用户档案信息动态更新机制，检查计量点、电源点等所属台区是否一致。

二十三、进线方式

字段释义

进线方式指用户受电设备与供电线路连接的输电方式，包括架空、电缆直埋、电缆架空、电缆桥架、电缆隧道、电缆管井、电缆架空混合等。

关注等级 ★★

校核范围 高压用户、低压非居民用户、低压居民用户。

匹配逻辑

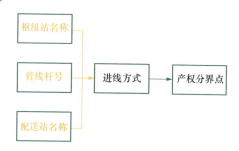

图4-45　进线方式逻辑关系

字段截图

电源信息

电源编号：	1100▇▇▇▇	电源类别：	专变
供电电压：	交流10kV	供电容量：	315kVA
电源相数：	三相电源	运行方式：	**
变电站：	电网_青松岭变电站	线路：	电网_▇▇▇▇▇▇▇
台区：	▇▇▇▇配电台区	进线杆号：	10#
电源性质：	主供电源	进线方式：	架空
低压接线箱号：		产权分界点：	接户线用户端最后支持物

图4-46　进线方式系统截图

采录校验

（1）不可为空或非标准代码值；字符类型，最大长度8个字符。

（2）根据用户现场实际情况，选择进线方式。

易发问题

（1）容易造成飞点、飞线。

（2）拓扑连接不通。

⚡ **预防举措**

（1）根据用户现场用电情况绘制架空或者电缆线路。

（2）在信息选择时，突出架空线路与电缆线路的提醒。

二十四、产权分界点

🔲 **字段释义**

产权分界点是区分电力设施产权归属的基点。主要包括：计量箱出线开关下桩头；公用线路分支杆；接户线用户端最后支持物；开闭所、环网柜、分支箱出线开关下桩头；用户变电站外第一基电杆；用户厂界外第一断路器或第一支持物；用户配电室前的第一断路器或第一支持物；专用线路接引的公用变电站外第一基电杆最后支持物；用户配电室前的第一断路器或第一支持物等。

⚠ **关注等级**　★★★★★

❄ **校核范围**　高压用户、低压非居民用户、低压居民用户。

🔗 **匹配逻辑**

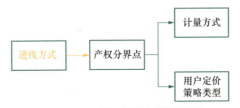

图4-47　产权分界点逻辑关系

🖼 **字段截图**

电源信息

电源编号：	11002███	电源类别：	专变
供电电压：	交流10kV	供电容量：	315kVA
电源相数：	三相电源	运行方式：	**
变电站：	电网_青松岭变电站	线路：	电网_10kV ███████
台区：	███████████配电台区	进线杆号：	10#
电源性质：	主供电源	进线方式：	架空
低压接线箱号：		产权分界点：	接户线用户端最后支持物

图4-48　产权分界点系统截图

采录校验

（1）不可为空或非标准代码值；字符类型，最大长度256个字符。

（2）根据用户现场情况，选择产权分界点。

易发问题

（1）因工作人员业务不熟练导致产权分界点选择错误。

（2）产权分界点与计量点位置不一致，导致公司经济损失。

预防举措

（1）在办电环节选取产权分界点时，进行重点提醒。

（2）在营销档案核查时，对高压用户的产权分界点与线损进行逻辑校验。

二十五、电源性质

字段释义

电源性质指电源的性质分类，包括主供电源、备用电源、保安电源。

关注等级　★★★★★

校核范围　高压用户。

匹配逻辑

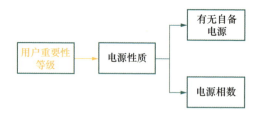

图4-49　电源性质逻辑关系

字段截图

电源信息

电源编号：	11002▓▓▓▓	电源类别：	专变
供电电压：	交流10kV	供电容量：	315kVA
电源相数：	三相电源	运行方式：	**
变电站：	电网_青松岭变电站	线路：	电网_10kV▓▓▓▓▓▓
台区：	▓▓▓▓▓▓配电台区	进线杆号：	10#
电源性质：	主供电源	进线方式：	架空
低压接线箱号：		产权分界点：	接户线用户端最后支持物

图4-50 电源性质系统截图

采录校验

（1）不可为空或非标准代码值；字符类型，最大长度8个字符。

（2）根据用户电源实际情况，选择电源性质。

易发问题

（1）因工作人员业务不熟练导致电源性质选择错误。

（2）主备电源选择混乱，易引发停电通知错误等服务风险。

（3）主备电源选择混乱，导致高可靠费用收取错误。

预防举措

在办电环节选取电源性质时，进行重点提醒。

二十六、有无自备电源

字段释义

有无自备电源指用户自备电源配置情况，包括无自备电源、有自备电源。

关注等级 ★★

校核范围 高压用户。

匹配逻辑

图4-51 有无自备电源逻辑关系

字段截图

受电点信息

受电点名称：	███████████████	受电点类型：	配电站	电源联锁方式：	机械和电子联锁
电源联锁装置位置：		电源切换方式：	手动	电源数目：	单电源
自备电源闭锁方式：		有无自备电源：	无自备电源	自备电源容量：	0　　　 kVA

图4-52　有无自备电源系统截图

采录校验

（1）不可为空或非标准代码值；字符类型，最大长度8个字符。

（2）根据用户实际情况，选择有无自备电源。

逻辑校验

有自备电源，自备电源容量不应为"0"。

易发问题

（1）因用户提供的设备信息错误，导致有无自备电源选择错误。

（2）现场自备应急电源设备与系统不一致，对用户侧自备应急电源管理工作产生影响。

预防举措

用户办电和用电检查环节提示现场自备电源照片信息录入，方便核对系统信息与现场信息一致性。

二十七、电源相数

字段释义

电源相数指按电源的相数分类，分为单相电源、三相电源。

关注等级　　★

校核范围　　高压用户、低压非居民用户、低压居民用户。

匹配逻辑

图4-53 电源相数逻辑关系

字段截图

电源信息

电源编号：	11002■■■■■■	电源类别：	专变
供电电压：	交流10kV	供电容量：	315kVA
电源相数：	三相电源	运行方式：	**
变电站：	电网_青松岭变电站	线路：	电网_10kV■■■■■■■■■■
台区：	■■■■■■■■■■■■配电台区	进线杆号：	10#
电源性质：	主供电源	进线方式：	架空
低压接线箱号：		产权分界点：	接户线用户端最后支持物

图4-54 电源相数系统截图

采录校验

（1）不可为空或非标准代码值；字符类型，最大长度8个字符。

（2）根据用户实际情况，选择电源相数。

易发问题

（1）因工作人员业务不熟练，导致电源相数选择错误。

（2）现场自备应急电源设备与系统不一致，对用户侧自备应急电源管理工作产生影响。

预防举措

用户办电和用电检查环节提示电源相数与电压等级匹配。

二十八、自备电源容量

字段释义

自备电源容量指用户自备电源的总容量。

关注等级 ★★

校核范围 高压用户。

匹配逻辑

图4-55　自备电源容量逻辑关系

字段截图

受电点信息

受电点名称：	内蒙古▓▓▓▓	受电点类型：	配电站	电源联锁方式：	机械和电子联锁
电源联锁装置位置：		电源切换方式：	手动	电源数目：	单电源
自备电源闭锁方式：		有无自备电源：	无自备电源	自备电源容量：	0　kVA

图4-56　自备电源容量系统截图

采录校验

（1）可为空；数值类型，有效位数16位，小数位6位。

（2）根据用户实际情况，录入自备电源容量。

逻辑校验

（1）有自备电源时，自备电源容量不可为空且大于0。

（2）无自备电源时，自备电源容量不应大于0。

易发问题

（1）用户提供的设备信息有误，或基层人员疏忽，导致自备电源容量录入错误。

（2）重要用户在外电源全部断电情况下，若保安负荷无任何电力供应，可能导致人身伤亡，造成较大经济损失、环境污染和政治影响。

预防举措

（1）用户办电和用电检查环节提示自备电源容量校核。

（2）对于提出报装申请的高危及重要用户，在供电方案答复等环节明确供电电源及自备应急电源配置原则，在验收时严格把关，确保并网的高危及重要用户不带隐患入网。

二十九、基本电费金额

字段释义

基本电费金额指用户在结算周期根据基本电费计算方式，通过用电容量（需量）与基本电价核定的应缴金额。属于用户电费信息，存在于用户每个结算周期（一般为1个月）的电费清单中。在实际操作中，一般以"基本电价"和"基本电费"两项呈现。

关注等级　★

校核范围　高压用户。

匹配逻辑

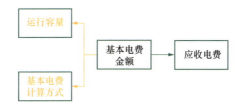

图4-57　基本电费金额逻辑关系

字段截图

图4-58　基本电费金额系统截图

☑ **采录校验**

（1）用户不为两部制电价用户时，基本电费可为空。

（2）该字段为数值型，小数位2位，等于计费容量/需量与基本电费价格的乘积。

☰ **逻辑校验**

（1）当月发行电费为两部制电价用户不可为空（非全容量暂停）。

（2）按需量计算基本电费用户，不应存在执行需量的电能表有计费电量，但无计费需量（为"0"或为空）。

（3）按需量计算基本电费用户，不应存在运行容量为"0"且计费电量为"0"，计费量值不为"0"。

⊙ **易发问题**

在用户发生业务变更/暂停/减容/换表时，基本电费计算易因用户资料维护不正确等问题发生错误。

⚡ **预防举措**

（1）在办理业务时规范线上线下送电时间必须一致。

（2）营销系统暂停、暂停恢复等时间需准确及时停送电。

（3）用电检查工作人员到现场核实用户是否存在一址多户情况，防止用户将用电容量化整为零，恶意规避基本电费。

三十、日冻结示数

⊟ **字段释义**

日冻结示数即日冻结电能示值，在用电信息采集系统中每日采集的用户日用电示数。

⚠ **关注等级**　★

高压用户、低压非居民用户、低压居民用户。

匹配逻辑

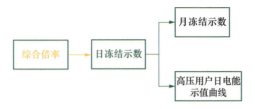

图4-59　日冻结示数逻辑关系

字段截图

图4-60　日冻结示数系统截图

采录校验

不应为空；数值类型，有效位数11位，小数位4位。

逻辑校验

未翻转的电表日冻结示数不能小于前日冻结示数。

易发问题

现场采集失败：主站采集终端的日冻结示数失败，生成终端运行异常事件记录。

预防举措

提高表计采集成功率，保证采集数据正确。

三十一、月冻结示数

字段释义

用电信息采集系统每个抄表周期采集的用户月冻结示数，包括上次示数、本次示数等。

⚠ **关注等级**　★

✳ **校核范围**　高压用户、低压非居民用户、低压居民用户。

🔗 **匹配逻辑**

图4-61　月冻结示数逻辑关系

🖼 **字段截图**

电费年月		总电量	总电费	发行	计量点编号	电能表编号	计量点名称	示数类型	上次示数	本次示数	综合倍率	抄见电量
60	202203	971200	572307.65	2022-03-	52592673	16300010000000012452541	****	有功（总）	1468.38	1482	16000	217920
61	202204	530720	290607.34	2022-04-	52592673	16300010000000012452541	****	有功（尖峰）	17.7	17.7	16000	0
62	202205	344640	181153.42	2022-05-	52592673	16300010000000012452541	****	有功（峰）	504.75	509.73	16000	79680
63	202205	88000	46307.48	2022-06-	52592673	16300010000000012452541	****	有功（谷）	443.26	447.31	16000	64800
合计		42657720	23422665.99		合计							821920

图4-62　月冻结示数系统截图

📝 **采录校验**

用户计算电费月份当月冻结示数不应为空；数值类型，有效位数11位，小数位4位。

📋 **逻辑校验**

未翻转的电表月冻结示数不能小于上月月冻结示数。

⊙ **易发问题**

现场采集失败：主站采集终端的月冻结示数失败，生成终端运行异常事件记录。

⚡ **预防举措**

提高表计采集成功率，保证采集数据正确。

三十二、高压用户日电能示值曲线

字段释义

用电信息采集系统每日采集的高压用户示值曲线，用于负荷计算与统计。

关注等级

★

校核范围

高压用户。

匹配逻辑

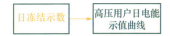

图4-63　高压用户日电能示值曲线逻辑关系

字段截图

图4-64　高压用户日电能示值曲线系统截图

采录校验

不可为空；数值类型，有效位数10位，小数位2位。

逻辑校验

（1）高压用户日电能示值冻结成功数不少于80%。

（2）未翻转的电表日冻结示数不能小于前日冻结示数。

易发问题

现场采集失败：主站采集数据失败，生成终端运行异常事件记录。

预防举措

提高表计采集成功率，保证采集数据正确。

三十三、总电量

字段释义

总电量指用户每个计费周期消费的总电能数量，包括用户的用电量、变损、线损电量以及依法追/退电量。用户总电量属于用户电费信息，存在于用户每个结算周期（一般为1个月）的电费清单中。

关注等级　★

校核范围　高压用户、低压非居民用户、低压居民用户。

匹配逻辑

图4-65　总电量逻辑关系

字段截图

图4-66　总电量系统截图

采录校验

用户每个抄表周期（一般为1个月）均会发行一次总电量和总电费，该字段为数值类型，有效位数16位，可为空。

逻辑校验

（1）若用户本月未计算电费，可为空。

（2）总电量不能大于运行容量 ×24h× 日历天数。

（3）不应存在校验拆换表后的旧表电量从未参与过抄表结算且未参与本次抄表结算。

⚠ 易发问题

（1）若用户本月未消费电能，应发行0电量。

（2）未按月发行电量电费，易导致总电量大于运行容量×24h×日历天数。

（3）未按月发行电量电费，违反《抄核收管理办法》相关规定，易造成用户欠费，影响公司正当利益。

⊙ 预防举措

（1）在电费核算时，应校验用户总电量是否大于运行容量×24h×日历天数，并区分计量/采集故障（表计飞走，采集错误）、抄表问题（小数位数造成误认为表计转圈）、用户违约用电（超容量用电）。

（2）在实际操作中，用户每月电量波动是有一定规律的，在电费核算时，遇到总电量波动过大的用户（一般是30%），营销系统应给与异常提示。

（3）每月在电费应收关账前，应校验是否存在本月未发行电量电费的用户。

三十四、应收电费

☰ 字段释义

应收电费指用户在一个计费周期内，承担的电能使用相关费用。属于用户电费信息，存在于用户每个结算周期（一般为1个月）的电费清单中。

⚠ 关注等级　★

✦ 校核范围　高压用户、低压非居民用户、低压居民用户。

匹配逻辑

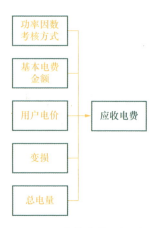

图4-67　应收电费逻辑关系

字段截图

图4-68　应收电费系统截图

采录校验

用户每个抄表周期（一般为1个月）均会发行一次总电量和总电费，该字段为数值类型，有效位数18位，小数位2位，可为空。

逻辑校验

（1）若用户本月未计算电费，可为空。

（2）不应存在校验拆换表后的旧表电量从未参与过抄表结算且未参与本次抄表结算。

（3）应收电费不能出现超大额数据，如普通居民用户月电费不能超过10万元。

⊙ 易发问题

（1）若用户本月未消费电能，应发行0电费。

（2）未按月发行电量电费，违反《抄核收管理办法》相关规定，易造成用户欠费，影响公司正当利益。

⚡ 预防举措

（1）用户每月电量波动是有一定规律的，在电费核算时，遇到电费波动过大的用户（一般是30%），营销系统应给予异常提示。

（2）每月在电费应收关账前，应校验是否存在本月未发行电量电费的用户。

第五章

营销基础数据合格率

一、用户档案质量合格率

∑⁺ 评价公式

用户档案质量合格率＝1－（产生问题的规则数/规则总数）×100%

ⓘ 评价释义

根据《营销数据质量标准》，对单个用户基础档案信息，从数据规范性、完整性、准确性、一致性、时效性和可访问性等方面，进行数据在线体检，检验基础档案质量合格率。

⌘ 评价范围 新增用户或因业务变更使档案信息发生变化的用户全量字段。

⊕ 评价目标 用户档案质量合格率达到100%。

二、已核查数据质量合格率

∑⁺ 评价公式

已核查数据质量合格率＝居民用户合格率×30%＋居住小区合格率×20%＋非居民用户合格率×50%

ⓘ 评价释义

根据《营销数据质量标准》，对居民用户、非居民用户的全量字段进行评价；

对居住小区的档案采录完整性进行评价。

（⟦⟧ **评价范围**） 营销系统中的各类用户和居住小区。

（⊕ **评价目标**） 字段合格率达到95%。

三、基础数据质量合格率

（Σ+ **评价公式**）

基础数据质量合格率＝居民用户（核心字段）合格率×30%+非居民用户合格率（核心字段）×50%+居住小区合格率×20%

（ⓘ **评价释义**）

根据《营销数据质量标准》进行评价，对居民用户的用户名称、用电地址、证件信息、联系人手机号4个字段，非居民用户的用户名称、用电地址、证件信息、联系人手机号、产权分界点、枢纽站名称（变电站名称）、管线杆号（线路名称）、配送站名称（台区名称）8个字段；对居住小区的档案采录完整性进行评价。

（⟦⟧ **评价范围**） 营销系统中的各类用户和居住小区。

（⊕ **评价目标**） 字段合格率达到99%。

附录

附录一 营销档案信息逻辑图

1.高压用户

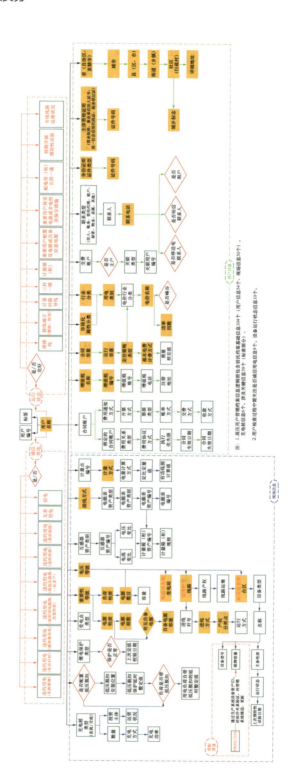

2.低压非居民用户

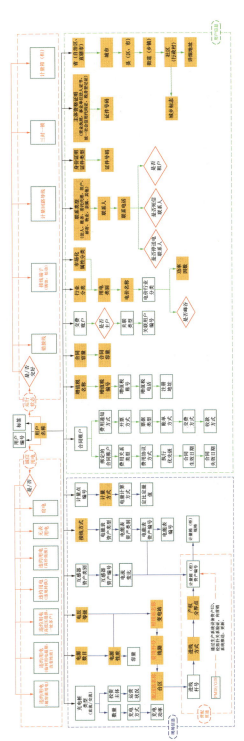

注：1.低压非居民用户所用用户营销档案基础信息包含非居民用户基础信息75个（用户信息51个、现场信息24个），无电箱信息6个，涉及关键信息34个（标蓝部分）。
2.用电验收过程中需注意是否满足用电信息5个，设备运行状态信息5个。

3. 低压居民用户

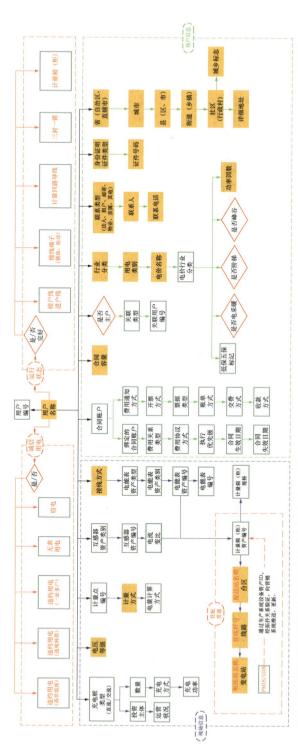

4.分布式电源用户

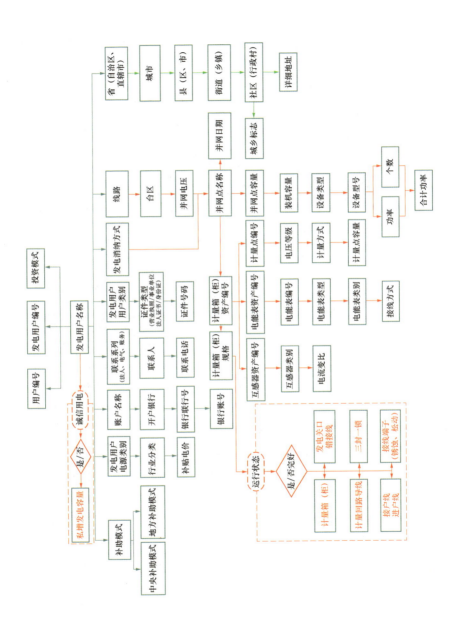

附录二 营销普查知识图

1.营销普查和规范重点工作图

工作思路		问题导向 目标导向 结果导向	2021	"查为主，改为辅"基础上，聚焦提高普查效率、深化数据应用、典型问题专项整治等普查重点工作
			2022	"查改一体、成效固化"任务目标，通过普查补全制度标准短板
工作目标	普查进度方面		(1) 高压用户普查率100%； (2) 低压非居民用户(包括执行居民电价的非居民用户) 普查率100%； (3) 居民用户线上核查整改5000万户，现场普查率不低于4%； (4) 居住小区普查建档完成率100%	
	问题整改方面		(1) 系统账号权限配置规范率100%； (2) 一址多户、计量装置隐患等4类现场典型异常问题整改率100%； (3) 营销普查数据质量合格率不低于95%； (4) 完成27家省公司营销普查和规范工作质量评价	
	普查成果方面		(1) 完成"四库一书"建设； (2) 形成"一省一策"营销普查典型经验，遴选营销普查标杆单位	
重点任务	(一) 加快推进普查工作进度	衔接有序，扎实推进现场普查	(1) 强化普查进度管控； (2) 严格执行指引要求； (3) 组织现场质量检查	
		多措并举，提升线上普查效率	(1) 深化居民用户线上核查； (2) 完成线上普查标签应用； (3) 辅助档案问题治理施策	
		拓展渠道，深化第三方数据应用	(1) 完善第三方数据获取渠道； (2) 强化个体工商业数据应用渠道； (3) 加强典型场景应用共享	
		聚力攻坚，完成居住小区建档	(1) 辅助新装小区业扩智能建档； (2) 完成存量居住小区营销建档； (3) 强化小区核心档案质量管控	
	(二) 持续深化落实问题整改	不折不扣，深度治理普查问题	(1) 聚焦普查问题整改清单； (2) 聚焦普查问题治理销号； (3) 聚焦普查数据质量管控	
		标本兼治，开展专题问题治理	(1) 抓好问题整改落实； (2) 强化问题整改管控； (3) 总结评价治理成效	
		系统管控，规范账号权限配置	(1) 规范系统账号权限管理； (2) 开展系统账号权限治理； (3) 开展账号权限治理评价	
		自查自纠，开展普查质量"回头看"	(1) 开展普查质量自查自纠； (2) 开展省内普查质量检查； (3) 开展普查质量现场检查	
	(三) 有序实现普查成果固化	查漏补缺，持续完善业务制度流程	(1) 全面推广标准地址应用； (2) 构建差别化业务规则库； (3) 优化业务制度流程规范	
		数据赋能，挖掘普查数据价值	(1) 固化数据质量标准； (2) 应用质量核验工具； (3) 完善普查评价指标	
		固化成果，加强普查队伍建设	(1) 构建营销普查库； (2) 打造专业队伍	
		提炼总结，转化普查工作成果	(1) 完成普查企标专利申报； (2) 编制营销普查成果报告； (3) 组织营销普查工作评价	

2.营销普查和规范主要时间图

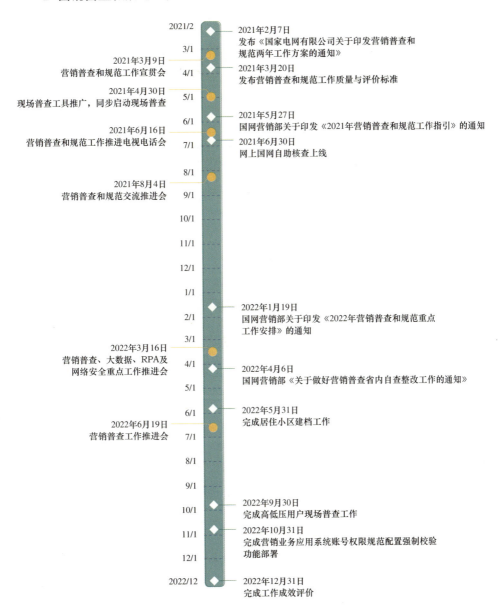

2021/2 2021年2月7日
发布《国家电网有限公司关于印发营销普查和规范两年工作方案的通知》

3/1

2021年3月9日
营销普查和规范工作宣贯会

2021年3月20日
发布营销普查和规范工作质量与评价标准

4/1

2021年4月30日
现场普查工具推广，同步启动现场普查

5/1

2021年5月27日
国网营销部关于印发《2021年营销普查和规范工作指引》的通知

6/1

2021年6月16日
营销普查和规范工作推进电视电话会

2021年6月30日
网上国网自助核查上线

7/1

2021年8月4日
营销普查和规范交流推进会

8/1

9/1

10/1

11/1

12/1

1/1

2022年1月19日
国网营销部关于印发《2022年营销普查和规范重点工作安排》的通知

2/1

2022年3月16日
营销普查、大数据、RPA及网络安全重点工作推进会

3/1

2022年4月6日
国网营销部《关于做好营销普查省内自查整改工作的通知》

4/1

5/1

2022年5月31日
完成居住小区建档工作

6/1

2022年6月19日
营销普查工作推进会

7/1

8/1

9/1

2022年9月30日
完成高低压用户现场普查工作

10/1

2022年10月31日
完成营销业务应用系统账号权限规范配置强制校验功能部署

11/1

12/1

2022/12 2022年12月31日
完成工作成效评价

3.营销普查和规范质量管控图

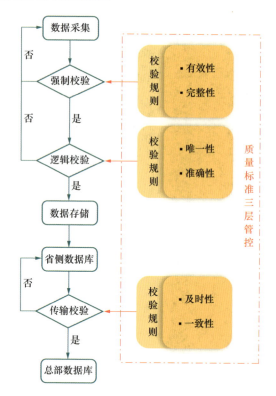

【**说明**】营销普查和规范工作质量管控主要提供对不符合规则的数据进行发现、治理的闭环管理，实现质量管控线上全流程闭环，持续不断提升数据质量，满足业务需求。通过营销普查可视化看板，让各层级管理者直观掌控普查质量成效。

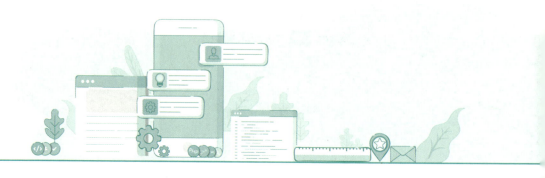

4.营销数据质量认责图

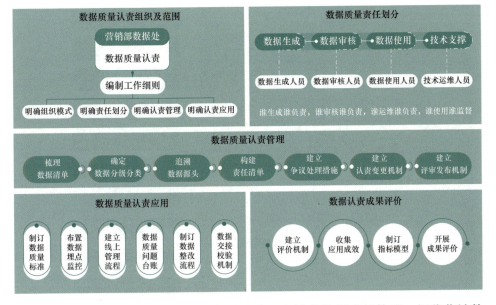

【说明】 为提升营销数据管理水平，建立全链条数据责任体系，规范营销数据责任划分，更好地赋能业务发展，制订《营销数据质量认责要求》，组织各单位结合机构设置和业务状况，编制营销数据质量认责工作细则，明确数据质量认责组织模式、责任划分、认责管理、认责应用等具体工作要求，开展数据质量认责工作。

5.普查方法应用图

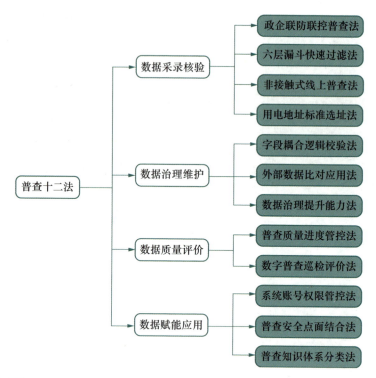

【说明】以两年普查成果孵化转化为导向,在普查"六法"基础上提炼形成普查"十二法",包括用电地址标准选址法、非接触式线上普查法、系统账号权限管控法、数据治理提升能力法、数字普查巡检评价法、普查知识体系分类法等,提高营销普查工作质效,进一步强化营销精益化管理。

6. 现场普查工具应用图

营销普查工具与营销业务系统交互场景

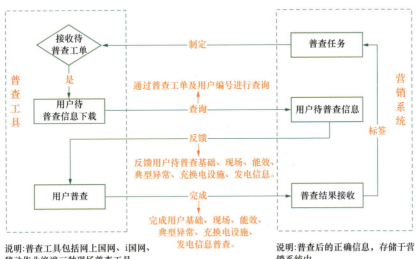

说明:普查工具包括网上国网、i国网、移动作业终端三种现场普查工具。

说明:普查后的正确信息,存储于营销系统中。

【说明】普查工具建设采用"总部设计、牵头建设、分步实施"的方式开展,基于营销2.0系统主数据模型,在网上国网、i国网和移动作业中部署营销普查移动作业应用,营销业务应用系统中制订普查计划,生成普查工单推送至普查工具,现场工作人员收到工单后对用户信息、营配基础档案等进行现场核查,核查后将工单反馈至营销业务应用系统,经审核通过进行数据归档。构建系统体检智能化、核查治理自动化、普查进度可视化的智能闭环普查工作体系,以数字化手段助力提升营销普查质量和效率。

7.线上普查流程图

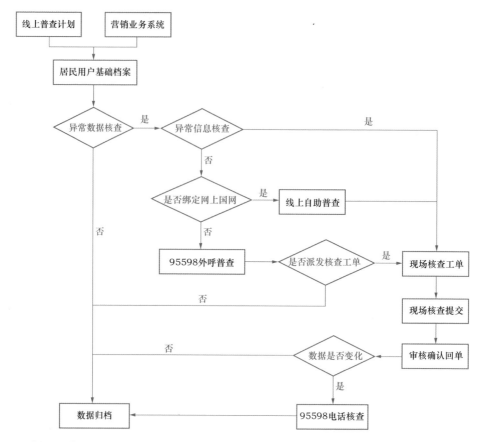

【说明】居民线上普查通过数据核查工具初步核查全量居民用户基础档案数据，精准定位异常数据与异常信息，摸清数据质量现状；有的放矢，针对性开展问题核查，异常数据按照渠道分至网上国网或95598，异常信息通过普查工单直派至市（县）公司处理，协同全渠道各专业提升数据质量，深入治理数据问题、抽查跟踪普查质量。普查人员按照普查工作要求，接单并核实用户基础档案信息是否有问题，修正后回单。95598开展回单信息复核，发现工单回复内容存在问题的，发起95598电话核查流程。

8.用电地址规范化流程图

树立**1**个建设愿景

形成**1**个应用体系

建立**1**个运营体系

订制**1**套治理工具

打造**1**套公共服务

构建**1**个标准地址库

标准统一化、数字空间化、治理智能化

| 提高企业工作质效 | 提升客户服务效能 | 助力政府精准施策 |

运营团队建设　地址数据更新　地址日常维护　地址实时发布

地址解析　地址评价　地址修正　地址审核

解析服务　检索服务　维护服务　更新服务

标准地址库

行政区划
省　市　区/县市　乡镇/街道　社区/行政村

详细地址
路街巷/村里弄坊　小区　门牌号　楼栋号　单元/楼层　空号

扩展信息
专属区域　标志物

国家民政部
前4级行政区划数据通过跟踪民政部官方网站信息进行定期更新，实现地址数据常态化及时更新

民政普查和互联网
第5级社区数据通过民政第五次普查内部数据和互联网数据互为补充

互联网图商
第6-7级路网数据通过对接思极地图信息进行日更新

营销普查
后几级地址数据通过营销普查进行用户数据采集、沉淀，逐步扩充后4级地址建设

地址坐标信息

【**说明**】以"数据治理、基层减负"为方向，利用数字化技术赋能，围绕"六个一"的标准地址建设框架，实现"标准统一化、数字空间化、治理智能化"的目标，提高用户服务水平、提升经营管理能力。

9.居住小区档案应用图

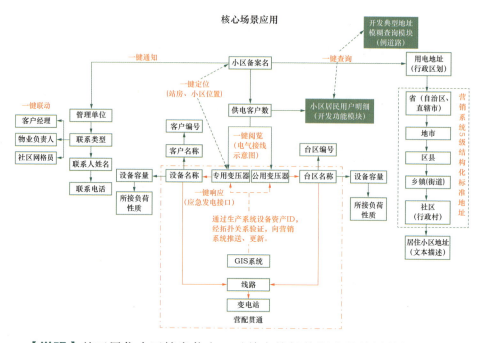

【说明】基于居住小区档案信息，对其内外部数据中的关键数据进行分析，可以实现计划停电、故障抢修等场景下的应用功能。其中：一是小区备案名、用电地址等档案信息实现"一键查询"功能。二是管理主体、社区网格员、供电客户经理的联系信息实现"一键通知"功能。三是管理主体、社区网格员、供电客户经理和参与应急抢修及应急发电人员的联系信息实现"一键联动"功能。四是小区备案名通过上传小平面总图、小区内部线路路径图、应急移动电源的停靠区域及接入点的位置图，实现"一键阅览"功能。五是小区备案名、专用变压器、公用变压器等档案信息实现"一键定位"功能。六是基于专用变压器、公用变压器的定位信息和应急移动电源的停靠区域及接入点图，实现应急移动电源派车、停靠、接入等"一键响应"功能。综合以上场景，为居住小区在应对自然灾害、极端恶劣天气等不可抗力事件发生时提供应急抢修、应急保电支撑。

10. 营销2.0系统普查实践图

营销2.0系统统一客户模型

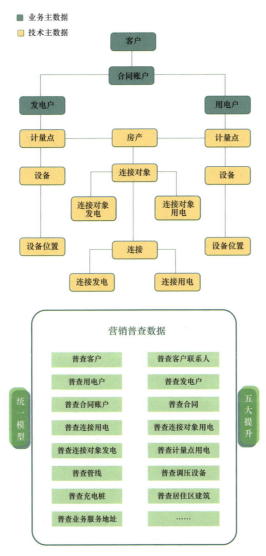

【说明】借鉴SAP公用事业领域客户主数据理念，设计完善营销2.0系统统一客户模型，涵盖125类普查对象及数据，汇聚传统与新型业务的客户、合同账户、设备、用能、房产等信息，丰富电、水、气等用能客户关系，促进营销2.0系统统一客户模型五大提升，支撑新型电力系统建设。